씨알들의 믿음으로

조현 〈한겨레신문〉 종교전문기자·논설위원

 몇 년 전 브루더호프 공동체인 미국 우드크레스트에 딸과 함께 머물며 그들이 '공동체로 사는 이유'를 가슴으로 공감했다. 자본주의적 신자유주의와 디지털 가공 세계의 쓰나미가 세상을 삼키고 있는 와중에서 브루더호프는 노아의 방주처럼 느껴졌다.
 한국에선 신앙은 신앙이고, 삶은 다른 문제일 뿐이라고 여겨 신앙을 그저 삶의 액세서리 정도로 여기는 이들이 적지 않다. 자본주의적 신자유주의에 대한 순응, 또 신앙과 삶의 이분화를 당연시하는 풍토가 지배적이라는 뜻이다. 그런데 우드크레스트에서 지내면서도 가장 인상 깊었던 것은 삶과 신앙의 일치였다. 에버하르트 아놀드의 손자로 브루더호프의 장로였던 크리스토프 할아버지를 비롯한 형제들과 지내는 동안 공동체라는 것이 어떤 교리나 명제가 아니라 가슴에서부터 나오는 따사로움과 눈빛, 연민, 자애, 하나 됨이나 노동과 실천으로 이루어진다는 것이 느껴졌다. 더욱 인상적인 것은 그들이 쓰나미에서 자신들만이 안전한 방주에 피신했다는 데 자족하지 않고, 시리아와 네팔 등 재난으로 가장 고통 받는 사람들에게 형제들을 파견해 그들과 함께하는 모습이었다. 자신들끼리만의 행복한 공동체에 그치지 않고, 지상 공동체를 위해 소명을 다하려는 고군분투였다.
 우리나라에도 이처럼 고군분투하는 밝은누리공동체와 은혜공동체, 오두막공동체, 민들레공동체, 사랑마을공동체 등 많은 기독교 공동체들이 있다. 그러나 한국에선 그런 공동체적 고군분투는커녕 인간 자체를 귀찮아 하며 함께하기를 거부하는 문화가 대세로 빠르게 자리 잡고 있다. 가장 효율적으로 계란을 생산하기 위해 A4용지 한 장 크기의 닭장에 갇힌 양계용 닭들처럼 우리도 서로에게 철망을 치고 스스로 닭장에 갇혀 스마트폰으로만 소통하는 모습은 '나'보다 '우리'가 익숙했던 한국 사회에서 불과 반세기 전만 해도 상상도 할 수 없던 상황이다. 한국은 이제 전 세계에서도 디지털 의존도가 가장 높아 어느 곳에서나 스마트폰에만 코를 박고, 가까이에 가족과 동료들이 있어도 하나같이 스마트폰만 들여다보느라, 인간과 인간의 접촉이 줄어드는 매트릭스 세계로 빠르게 전환되어 가고 있다. 전 세계에서 가장 빠른 속도로 결혼율과 출산율은 떨어지고, 1인가구 비율은 가장 빨리 상승하며, 초고령화는 가장 빨리 진행되고 있다. 거대 자본에 의해 조종되는 매트릭스에 의해 공동체는 뿌리부터 뽑혀 나가고 있다.

그러나 인간과 인간이 멀어질수록, 창조 질서가 맘몬의 지배 질서로 바뀔수록 원래의 에덴동산을 회복하려는 갈망도 커지게 마련이다. 더구나 한국 기독교에는 다행히 아직까지는 그런 희망을 모아 현실적 방주들을 수백 개, 수천 개라도 만들어 낼 수 있는 많은 크리스천들과 신앙의 열정이 있다. 한국 기독교는 구한말과 일제의 어둠 속에서 한민족 공동체를 위해 인도주의적 봉사와 교육과 시민 사회에서 햇불을 들었던 역사가 있다. 그런 초기 기독교인들의 정신을 잃어버리고, 이제 맘몬에 순종하는 기로에 서 있지만 말이다. 그 한국 기독교가 이 《공동체로 사는 이유》를 통해 다시 깨어나 위기의 민족 공동체를 위해 다시 한 번 햇불을 들 수 있게 되기를 기대해 본다.

밝음은 어둠 속에서 나온다고 했다. 그래서 우리 사회가 세계 어느 곳보다 공동체성의 붕괴로 자살률과 존속살해율, 노인 빈곤율이 가장 높은 만큼 어둠이 깊기에 역설적으로 공동체 운동의 찬란한 햇불이 타오를 수 있는 최적의 여건이기도 하다.

공동체는 정부나 거대 자본에 의해 만들어지는 게 아니라 씨알들이 만들어 낼 수 있다는 믿음으로 서로 응원하고 위로하고 의지하고 사랑하고 도우며 우리 함께 '공동체로 사는 이유'를 만들어 갔으면 한다.

공동체 생활이 어렵지만 가능한 근거

정태일 사랑방공동체·한국 공동체교회 협의회 상임 대표

한국 교회는 하나님의 특별한 사랑을 받은 많은 증거들이 있다. 그중의 하나는 1900년대 초의 대부흥 운동이 공동체 운동을 통해 생활 운동으로 이어지게 하신 하나님의 섭리이다.

한국 교회의 공동체 운동은 1948년 동광원(東光院)의 설립을 시작으로 하여, 1960년대와 1970년대에 여러 공동체들이 설립되었다. 이때의 공동체들은 '공동체'라는 표현을 사용하지 않았고, '가난'을 영성으로 하는 수도 공동체들이 가난한 사람들과 함께 살며, 가난한 사람들을 돌보고 섬기는 일을 한 것이 특징이다.

공동체 운동은 1980년대에 들어서 본격적으로 확산되었다. '공동체'라는 표현을 사용하기 시작했고, 다양한 형태와 내용을 가진 공동체들이 설립되었다. 공동체의 형태로는 수도 공동체, 생활 공동체, 교회 공동체들이 등장했고, 내용적으로는 사회적 약자들(빈민, 장애인, 약물 중독자, 노숙자, 탈북민 등)을 돌보고 사회적 이슈(환경 문제, 대체 에너지, 농촌 문제, 평화와 통일 문제, 교회 개혁과 갱신 등)를 해결하기 위해서였다.

한국 교회에서 이 운동이 가시화되고 전국적으로 조직화된 것은 1990년대이다. 신학교와 교회의 공동체성 회복을 목표로 '전국 신학교 공동체 모임 연합'이 1990년에 조직되었고, 한국 교회의 개혁과 갱신을 바라는 목회자들이 모여 '한국 공동체교회 협의회'를 1992년에 조직하였다. 이들 두 조직은 교회의 본질을 하나님나라(공동체 삶)로 인식하여, 교회가 공동체적인 삶을 추구하는 일을 돕기 위해 노력했다. 세계의 공동체들을 소개했고, 공동체에 관한 책들을 소개했으며, 공동체 운동의 역사와 공동체 삶을 소개하고 훈련했다. 현재 한국에는 100여 개의 기독교 공동체들이 있는 것으로 추산하고 있다.

한국의 교회 공동체 운동이 앞으로 나아갈 길을 생각하고, 공동체로 사는 삶을 꿈꾸는 사람이 계속 늘어 가는 이 시점에 《공동체로 사는 이유》의 발간은 우리에게 생각할 거리를 제공한다. 일반적으로 사람들은 공동생활이 불가능하다고 생각하거나, 가능하더라도 매우 힘들고 어렵다고 생각하며 피하려고 한다. 그러나 저자는 공동생활이 "비극적 고투"이지만, 하나님께서 "최후 승리"로 이끄시며, "그것은 우리의 가장 심원한 기쁨"이라고 말한다.

그리고 구체적으로, 공동생활이 어렵지만 가능한 근거로 두 가지를 말하고 있다. 첫째로, 공동생활은 인간이 본성만으로는 이룰 수 없으나, 하나님에 대한 믿음만으로 이룰 수 있다. 둘째로, 성령은 사랑의 영이자 창조의 영이시며, 어떤 힘으로도 제압하지 못하며 모든 것보다 강하시다. 공동체 생활의 본질은 "불의 순교"인데, 성령께서 내 안의 당연한 요구들을 날마다 포기하도록 도우신다. 이렇게 공동체로 사는 이유는, 공동생활이 예수 그리스도에 의한 하나님나라의 삶이기 때문이다.

공동체 생활은 어렵지만, 우리의 하나님에 대한 믿음과 성령의 도우심으로 가능하다.

공동체로 사는 이유

WARUM WIR IN GEMEINSCHAFT LEBEN
by Eberhard Arnold
with two interpretive talks by Thomas Merton
Foreword by Basil Pennington

Copyright © 1995 by Plough Publishing House
All rights reserved.

Korean Copyright © 2018 by VIATOR
All rights reserved.
This Korean edition was published by arrangement with Plough Publishing House.

《공동체로 사는 이유》 is a translation of "*Warum wir in Gemeinschaft leben*,"
an essay published in Eberhard Arnold's journal *Die Wegwarte* 1:10/11
(October/November 1925), in Sannerz, Germany.

Material by Thomas Merton reprinted from *Thomas Merton in Alaska*.
Copyright © 1989 by The Trustees of the Merton Legacy Trust.
Reprinted by permission of New Directions Publishing Corp.

신 저작권법에 의하여 한국 내에서 보호를 받는 저작물이므로 무단전제와 복제를 금합니다.

공동체로 사는 이유

(i i i i)

에버하르트 아놀드 지음　　토머스 머튼 해설　　김순현 옮김

※ 《공동체로 사는 이유》는 국내에서 두 번 출간되었으며, 이 책의 에버하르트 아놀드 글은 독일어판 *Warum wir in Gemeinschaft leben*을 옮긴 것이다.

차례

011　**I. 머리글**

021　**II. 에버하르트 아놀드의 생애**

053　**III. 공동체로 사는 이유**

1. 왜 공동생활인가?
2. 믿음이 우리의 토대이다
3. 공동체는 사회·정치 문제에 대한 해답이다
4. 공동체는 믿음으로 작동한다
5. 교회사에 등장하는 공동체
6. 공동체 생활은 성령 안에서 사는 것이다
7. 공동체의 상징들
8. 공동체는 다가올 하나님나라의 표지이다
9. 공동체는 사랑과 일치를 향한 부르심이다
10. 공동체는 희생을 의미한다
11. 공동체는 믿음의 모험이다

091　**IV. "공동체로 사는 이유"에 대한 두 편의 해설**

1. 하나님의 사랑 위에 공동체 건설하기
2. 공동체, 정치, 그리고 관상

129　**V. 후기**

I.

머리글

머리글

에버하르트 아놀드의 공동체 관련 진술에는 강렬함이 있다. 믿음이라는 단단한 화강암에 또박또박 새긴 강렬함이다. 그의 진술은 공동체—신앙 공동체—를 이루지 못하는 사람들의 고뇌를 숨기지 않고, 우리의 벌어진 상처를 우리에게 들이댄다. 아놀드는 교회가 가난한 이들의 편에 서는 것을 분명히 지지한다. 가난한 이들의 편에 서는 것은 우리의 거룩한 창조주이신 하나님이 취하신 입장이기도 하다. 아놀드에게 공동체란 하나님과 그분의 창조물, 우리 자신의 본성과 예정—우리가 힘을 다해 협력할 때 하나님의 계획대로 이루어지는 것이긴 하지만—에 대해 "예"라고 실존적으로 응답

하는 길이다.

가진 자와 못 가진 자의 격차가 점점 심화되는 세상에서, 우리는 초기 그리스도인 공동체의 이상들과 힘차게, 끈질기게 씨름하지 않으면 안 된다. 동료가 가까운 곳에서 굶주리고 있는데도, 예수의 제자로 자처하는 사람이 식품 저장고에 양식을 쌓아 두고서 배불리 먹고 잠자리에 든다면, 이것이야말로 부끄러운 일이 아닐 수 없다. 수많은 아버지가 자기 자녀들을 먹여 살릴 기회를 달라고 외치는데도, 어떤 사람이 예수의 제자로 자처하면서 하나님이 주신 재능을 자기 재산을 증식하는 데만 쓴다면, 이것 역시 부끄러운 일이다. 아놀드가 우리에게 상기시키는 대로, 교회 공동체들이 강력한 성사聖事의 의미를 재발견하고 새롭게 한다면, 이는 무뎌진 양심들을 교화하는 길이 될 것이다.

현대 그리스도인들은 아놀드가 끊임없이 일깨우는 사실, 곧 충만한 삶은 공동체에서만 찾아볼 수 있으며, 철저한 자기희생의 대가로만 주어진다는 사실을 쉽게 알아듣지 못할 것이다. 하지만 그것이야말로 죽음을 통해 생명을 얻는 부활절의 신비다. 그것은 기쁨이 넘치는 희생이기도 하다. 아놀드는 활력 넘치는 공동체에 필수적이면서도 달성하기 쉽지 않은 진정한 역설을 제시한다. 이를테면 구성원 각자가 전체 공동체에 복종하기로 결단하되, 자기의 의지력을 발휘하여 선을 추구해야 한다는 것이다. 물론 이를 뒷받침하는 비밀은 성령이시다. 믿음 없는 세상은 이 비밀을 알지 못한다. 그러므로 공동체를 이루려는 세상의 여러 노력은 비틀걸음으로 끝나고, 깊은 상처를 입은 채 철저한 배신감을 느끼는 사람들만 남게 된다. 성령께서 고무하시는 공동체는 필연적으로 그리스도께 집중하고, 그리스도 안에서 이루어진 해방을 위한 고투를 알며, 부활의 소망 가운데 살아간다. 그 공동체는 우주적 사랑의 공동체이며, 인류 가족 속에 자리한 누룩이다. 구성원의 공동 열망을 통해, 공동체가 마음을 열고 성령의 인도를 받으려고 준비할 때, 성령은 공동체 안으로 들어가신다.

아놀드는 '부름 받은 사람들'에게 소집령을 내리면서 종교개혁 정신을 이야기한다. 그의 소집령은 이 아우구스티누스·베네딕투스·베르나르두스·프란체스코·이그나티우스·돈 보스코의 소집령과 맥을 같이한다. 이 카리스마적 지도자들과 이들이 설립한 공동체들—이들이 수 세기에 걸쳐 영감을 불어녕은 공동체들—이 교회의 생명을 얼마나 풍성하게 했는지 아는 사람이라면 이들의 유산이 좀 더 오래 간직되지 못한 것을 유감으로 생각할 것이다. 활발한 부흥기를 맞고 있는 그리스도교 공동체들은 성령의 인도를 받는 공동체가 우리를 어디로 부르는지를 두고 아놀드가 수행한 예리한 분석에서 풍부한 영감을 얻게 될 것이다.

토머스 머튼이 알래스카에 소재한 보혈 수도원에서 수녀들—과 그의 글을 읽는 우리 모두—을 도우려고 한 것도 그런 목적에서였다. 머튼은 친절하고 매우 실제적인 수도자이자 천재였다. 그는 예리한 통찰력의 소유자로서 아놀드 사상의 핵심을 포착하여 설명한다. 머튼은 아놀드·간디·마틴 루터 킹과 손잡고 성령의 고상한 계획인 사랑—이상적인 사랑이 아니라, 이들이 지향하며 살고 죽은 실제적인 사랑—의 왕국으로 우리를 소환한다.

아놀드 관련 담화 두 편에 담긴 머튼의 사상은 그 폭이 넓다. 그는 아놀드를 역사적 전후 관계 속에 예리하고 명료하게 배치한 다음 아놀드의 대가다운 소론을 폭넓게 있는 그대로 인용한다. 그는 아놀드가 자기 사례를 과장한다고 여겨지는 몇몇 대목에서 비판을 주저하지 않지만, 곧바로 비판을 누그러뜨리면서, 아놀드의 근본적 통찰력과 그의 최종 결론이 정당함을 밝힌다. 아놀드와 마찬가지로, 머튼도 그리스도 중심이다. 우리는 바울의 그리스도론에 대한 그의 폭넓은 이해력과, 바울의 그리스도론을 자신의 해설 속에 평이하게 엮어 넣는 그의 능력에 그저 감탄할 수밖에 없다. 그는 직설적인 언어로 선언한다. 공동체는 죽음에 대한 사랑의 승리라고. 이 승리는 평범한 사람들이 그리스도의 승리의 은혜로 그리스도와 연합하여 살아낸 사랑의 승리이다.

머튼과 아놀드는 평범한 사람들이 공동체의 승리를 실생활로 실현할 수 있다고 힘주어 말하되, 이 승리는 그들 자신의 행위로 이루어지는 것이 아니라, 하나님이 그들 가운데 활동하심으로써만 이루어진다고 강조한다. 우리는 이 점을 명심해야 한다. 그렇지 않으면, 우리는 공동체를 저해하는 우리 안의 악에 대항할 수 없게 될 것이다. 또한 우리는 우리 안에 도사린 악에 낙담하여 공동생활의 시도를 포기하거나, 그 악을 억누른 채 피상적이고 거짓된 관계를 맺으면서 참된 공동체를 영영 실현하지 못하게 될 것이다. 그리스도께서는 가난하고 연약하고 어리석은 죄인들을 부르셔서, 자기 영의 활동을 통해 이루어지는 하나 됨을 사랑하도록 하시는 데에서 기쁨과 영광을 찾으신다. 머튼의 말대로, "공동체를 우리의 사랑 위에 세우지 않고, 하나님의 사랑 위에 세우는 것이 중요하다." 갈등 한가운데서 우리가 던져야 할 물음은 "누가 옳은가?"가 아니라, "우리가 믿고 있는가?"이다. "믿음이 첫째이고, 옳은 이는 오직 하나님 한 분이시다."

금세기(20세기)의 주요 가톨릭 저술가가 사상 면에서 아놀드와 완전한 조화—삶 속에 넘쳐흐르는 조화—를 이루어 전통적인 수도원 생활을 영위하고, 아놀드가 진정한 그리스도교 공동체에 꼭 필요하고 값진 것으로 꼽은 가치들과 이상들을 독신 수도자들을 위해 수용하고 있으니, 이는 아놀드가 기뻐할 사실이 아닐까 싶다. 머튼이 노동과 단순한 생활을 예찬한 아놀드에게 깊이 공감할 수 있었던 것은, 그 자신이 단순성의 정신을 특징으로 하는 수도회에 속한 수도자였기 때문이다.

토머스 머튼과 에버하르트 아놀드 같은 영적 거장들이 과거에는 좀처럼 좁혀질 것 같지 않던 간격을 건너뛰는 모습에

머리글

우리는 한껏 고무된다. 그동안 서로 멀리 떨어져 있었던 이유를 잘 알고 있기 때문이다. 이제 우리는 용기를 내어, 전에는 엄두도 내지 못했던 꿈을 꾼다. 예언자적 인물들이 여러 세대를 통해 "나에게는 꿈이 있다"고 담차게 선언했으니, 우리도 꿈을 품어 본다. 현실화되고 있는 꿈을. 아직 갈 길이 멀지만, 이 꿈은 에버하르트 아놀드가 광야에서 차려 낸 이 빵처럼 여정의 든든한 양식이 되어 우리에게 힘을 공급할 것이고, 우리는 '그리스도 예수 안에서 인간의 연대를 최대한 실현하기'라는 푯대를 향해 달려가게 될 것이다. 압도적인 성령께 두려움 없이 자신을 온전히 맡긴 사람들의 촉구를 통해, 생기를 깊숙이 불어넣으시며 말씀하시는 예수의 영이 우리에게 그리하라고 촉구하시기 때문이다.

트라피스트 수도회 수사·사제

배길 페닝턴

II.

에버하르트 아놀드의 생애

에미 아놀드

에버하르트 아놀드는 1883년 7월 26일 쾨니히스베르크에서 김나지움 교사 칼 프랭클린 아놀드의 셋째로 태어났다. 그의 어머니 엘리자베트—결혼 전 성姓은 포크트—는 유서 깊은 학자 가문 출신이었다. 그의 할아버지 프랭클린 루터 아놀드는 영국-미국계 선교사이자 미국 장로회 소속 목사였다.

에버하르트는 이남 삼녀의 형제들 가운데서 자랐다. 그가 다섯 살이 되었을 때, 가족은 쾨니히스베르크를 떠났다. 그의 아버지가 브레슬라우대학교의 교회사 교수로 초빙되었기 때문이다. 에버하르트는 무모한 이상과 개구쟁이 같은 모

II

험심으로 가득한 소년이었다. 이 때문에 그에게는 학과 공부할 시간이 많지 않았다. 그는 장난기가 심해 교사들과 다른 학생들의 부모들에게 호감을 얻지 못했다. 이미 아주 이른 어린 시절에 사람들의 불평등에 반감을 가졌고, 가장 가난한 상황에 처한 사람들, 특히 이른바 '거리의 형제들'과 우정을 나누었다. 주위 시민들보다는 그들에게서 종종 더 많은 온정과 더 순수한 인간성을 발견했기 때문이다. 방학이 되면 삼촌의 초대를 받아 그의 목사관에서 지냈다. 삼촌의 경건하고 따뜻한 마음씨가 그에게 강한 인상을 주었다. 게다가 삼촌은 전적으로 이 가난한 사람들과 억눌린 사람들의 편이었다. 이 때문에 삼촌에게는 자기 교구에 속한 부자들의 적대감이 쏟아졌다. 에버하르트는 삼촌 집에서 처음으로 구세군의 어떤 대표자를 만났다. 삼촌은 에버하르트 앞에서 그 인물과 친밀한 대화를 나누었고, 이 대화는 에버하르트에게 참된 그리스도 사랑의 방향을 힘차게 가리켜 보였다. 그 사랑은 바로 가장 가난한 사람들에게 강력하게 입증된 사랑이었다. 그리하여 당시 열여섯 살이던 에버하르트는 급격한 내적 전환을 경험하게 된다. 그는 이제부터 자신의 삶이 전혀 다른 방향을 취하게 될 것임을 부모와 교사들에게 알렸지만, 그들의 이해를 얻지는 못했다.

자기와 비슷한 정신의 사람들을 찾는 과정에서 에버하르트는 그리스도께 감화된 다양한 모임들과 관계를 맺었다. 그를 중심으로 한 무리의 학생들이 모였다. 함께 성경을 공부하면서 예수의 길을 깊이 깨닫고자 하는 모임이었다. 특히 그는 구세군에 강한 인상을 받고, 거기에 헌신하는 사람들과 함께 브레슬라우의 음울한 빈민가로 들어갔다. 그의 열망은 사람들을 음주와 오물로부터 구하는 것이었다. 그는 아침저녁으로 술꾼과 동행하곤 했다. 일터로 가는 길이 술집을 지나기 때문이었다. 그는 브레슬라우 동부 지역에 거주하는 가난한 사람들의 곤경에 큰 충격을 받고, 중산층인 친가의 사교 생활을 점점 더 참을 수 없는 것으로 여기게 되었다. 언젠가 그는 가난한 사람들의 곤경을 고려하여 사교 모임에 참여하는 것을 거부했다. 부유한 사람들을 대접하기 위해 하룻밤에 거액을 지출하는 것은 옳지 않다고 여겼기 때문이다. 그는 그 일로 아버지로부터 외출 금지를 당했다. 그의 부모는 그의 새

II

활동과 태도—바로 사회 문제에 관한—에 조금도 동의하지 않았다.

에버하르트가 고등학교를 마치자, 그의 부모는 그에게 신학 공부를 요구했다. 하지만 에버하르트는 자신이 의사가 되어야 사람들을 더 잘 섬길 수 있다고 생각하고 있었다. 그는 브레슬라우대학·할레대학·에를랑겐대학에서 신학·철학·교육학을 공부하고, "프리드리히 니체의 성장 과정에서 드러나는 초기 그리스도교적 요소와 반反그리스도교적 요소"라는 제목의 박사 학위 논문으로 대학 생활을 마감했다. 할레대학교에서 수학하던 시절에 그는 독일그리스도교대학생연맹과 긴밀한 관계를 맺고, 몇 해 동안 루트비히 폰 게르텔과 함께 활동하기도 했다. 두 사람 모두 당시에 많은 구도적求道的 모임을 사로잡았던 그리스도교 각성 운동에 몸담고 있었다.

우리 부부는 이 시기, 곧 1907년에 서로 알게 되었다. 서로 알게 되고 며칠 뒤, 우리는 그리스도 따르기(제자도)의 본질에 대해 깊고 본질적인 의견을 교환하고 나서 약혼했으며, 그

때부터 줄곧 우리의 길을 함께 걸었다. 결혼식은 1909년에 올렸다. 결혼 초기 몇 년 동안 에버하르트는 공개 강연 초청을 매우 자주 받았다. 그는 독일의 여러 도시, 예컨대 할레, 라이프치히, 베를린, 드레스덴, 함부르크에서 당시 사람들을 특별히 사로잡은 문제들에 관해 발언했다. 그가 선택했던 주제는 다음과 같다. "오늘날 접하는 초기 그리스도교", "사회적 곤궁", "모든 이를 위한 자유", "대중의 곤경과 노예화", "현시점의 종교적 분투", "예수, 그분은 어떻게 실재하셨나", "니체의 그리스도교 비판". 그 시기에 국가 교회와의 싸움이 시작되었다. 무엇보다도 세례 문제로 야기된 논쟁이었다. 에버하르트는 교회 스스로가 국가 및 소유와 연계함으로써 잘못된 기초 위에 서게 되었음을 깨달았다.

이 깨달음은 우리 삶의 주요한 전환점이 되었다. 에버하르트는 성인 세례를 받고,[※] 국가 교회에서 탈퇴했으며, 당연히 어떤 교회 직무도 맡을 수 없었다. 종교사회학자이자 스위스

※ 유아 세례를 받은 상태에서 다시 세례를 받았다는 뜻이다. —옮긴이

II

목사 헤르만 쿠터의 저서들에 고무되어, 에버하르트는 점점 더 프롤레타리아와 여타의 모든 억눌린 이들을 위해 투쟁했다. 노동자 문제와 국가 교회에 대한 그의 입장 표명은 부모 및 교회 당국과의 많은 대립으로 이어졌다.

에버하르트는 폐와 후두의 심각한 발병 때문에 적은 수의 가족과 함께 1913년에 티롤 남부의 볼차노로 이사했다. 그곳에서 우리는 작은 집 한 채를 빌렸다. 이 시기는 우리를 진정한 내적 숙고와 좀 더 깊이 있는 분별로 이끌었다. 당시에 《내면의 땅》 1장과, "하나님 사랑", "형제 사랑", "기도 생활의 힘", "살아 있는 교회의 생생한 증거"와 같은 일련의 중요한 논문이 나왔다. 에버하르트는 또한 철저하게 아나뱁티스트의 역사를 연구했고, 한스 뎅크·발타자르 후프마이어·토마스 뮌처[※]와 같은 인물들은 이미 그 당시 우리에게 매우 깊은 인상을 주었다.

[※] 세 사람 모두 아나뱁티스트 인물이다. — 옮긴이

그 시기에, 우리 삶이 좀 더 급진적이고 좀 더 실행력이 있는 방향을 모색하지 않으면 안 된다는 사실이 더 분명해졌다. 내 동생 엘제 폰 홀란더도 그 시절부터 우리와 함께 지내면서, 우리를 감화시킨 모든 것에 활발히 참여했다. 내가 에버하르트의 병구완과 어린 자식들의 부양에 몰두하는 동안, 그녀는 에버하르트가 정신노동 중일 때 비서로 그를 도왔다. 그녀는 공동생활의 공동 발기인으로서 1932년 운명할 때까지 그의 유능한 조력자였다.

이 내적 체험이 한창 이루어지던 1914년, 제1차 세계대전이 발발했다. 에버하르트는 군에 소집되어 동부 독일에서 몇 주 동안 마부馬夫로 복무했지만, 허약한 체질 때문에 곧 소집 해제를 받았다. 그때부터 한동안 병역 문제가 그를 끊임없이 따라다녔고, 이 문제에 관해 분명한 확신에 이르는 데에는 어느 정도의 시간이 걸렸다. 우리는 할레에서 잠시 살다가, 1915년 에버하르트가 푸르헤 출판사의 문학 담당자로 초빙을 받으면서 베를린으로 이사했다. 우리 가족은 1920년까지 그곳에서 체류했다. 출판사는 저 전쟁 시기에 〈밭고랑Die Furche〉이

II

라는 잡지 외에도 일련의 책과 화보집을 출판하여 특히 전쟁 포로들을 섬겼다. 에버하르트는 군인 병원을 자주 방문하면서 심한 충격을 받고 점점 더 전쟁에 열광하는 태도를 멀리했다.

1919년부터 우리는 사방에서 새로운 생명의 물결이 우리에게 밀어닥치는 것을 경험했다. 그해 성령강림절에 에버하르트는 마르부르크에서 독일그리스도교대학생연맹의 학생들에게 강연했다. 예수의 말씀이 그 모임에 생생히 전해졌고, 예수의 말씀은 산상설교를 통해 우리에게 평화 문제 및 사회 문제의 해법을 아주 명확하게 제시했다.

에르빈 비스만은 잡지 〈밭고랑〉에 이 성령강림절 집회에 관해 다음과 같이 보도했다.

모든 연설과 견해는 예수의 산상수훈에 초점이 맞추어져 있었다. 에버하르트 아놀드는 마음을 꿰뚫는 심오한 통찰과 열정으로 산상수훈의 온전한 무게, 산상수훈의 무한하고 완전한 영향력, 산상수훈의 절대성을 알리며 우리를 불태우고, 우리 의지 속으로 파고드는 예언자적 힘과 온 인격을 쏟는 어마어마한 열정으로 우리를 강타했다.

여기에는 타협이 없었다. 하나님나라의 일원이 되려는 사람은 단호히 돌진해야 하며, 철저하게 끝까지 그리해야 한다. 그리스도인 된다는 그리스도의 삶을 영위하는 것이다. "칼을 쓰는 사람은 모두 칼로 망한다." 우리는 이 격렬한 도전에서 자유로울 수 없다. 이는 사랑을 위해 깨어 있으라는 외침이며 경고이다. 결정적인 영적 혁명의 시작이 우리에게 달려 있다. 예수님의 성령 안에서 사람들의 몸과 정신, 영을 돕는 일이 우리에게 달려 있다. 이를 실행할 때에만 우리는 하나님나라의 특사로서, 그리스도가 통치하는 나라의 선발 전사로서 오늘 우리의 길을 갈 수 있다.

이 마르부르크 집회는 그 후에 일어난 일의 발단이었다. 여기에서 우리는 우리 앞에 있는 미래의 비전을 보았다. 이 체험의 열매들이 점점 더 많이 나타났고, 비전을 토대로 점점 삶 자체가 새로운 형태를 띠었다. 그것은 누구나 참석할 수 있는 저녁 모임의 대화와 함께 시작되었다. 우리는 베를린에

II

있는 우리 집에서 그 저녁 모임을 가졌고, 80명 내지 100명의 사람이 참석했다. 아주 다양한 부류의 사람들이었다. 청소년 운동가, 프롤레타리아, 대학생, 장교, 무신론자, 경건주의자, 무정부주의자, 퀘이커교도. 모든 참석자의 마음속에서 한 가지 물음이 타올랐다. '우리는 무엇을 해야 하는가?' 산상설교가 토론의 중심에 있었다. 모든 사람이 알았다. "삶이 달라져야 한다. 삶은 행동으로 나아가야 한다. 더 이상 말은 필요 없다! 우리가 보고 싶은 것은 결국 행동이다!"

이러한 태도의 급진성은 잡지 〈밭고랑〉의 책임자들 및 독일그리스도교대학생연맹과 갈등을 불러일으켰다. 여러 집회들—예컨대 바트 왼하우젠, 자로브(마르크 브란덴부르크)—에서 긴급한 문제를 두고 논쟁이 격렬하게 벌어졌다. '그리스도인은 전쟁과 혁명에 어떤 입장을 취해야 하는가? 그리스도인은 군인이 될 수 있는가?' 에버하르트는 단호하게 이를 부정했다. 그 집회들을 다룬 한 기사의 내용이다.

에버하르트 아놀드는 개인적 거듭남의 필요성을 흔쾌히 인정하되, 예수 정신을 설교하는 것은 모든 복음전도에 필요하다는 사실도 말했다. 예수께서는 국가 권력을 인정하시면서도 하나님나라를 전혀 다른 것으로 설명하신다. 그리스도인은 국가 안에 있는 지속적인 교정, 양심의 각성, 법 의지의 강화, 누룩, 즉 보다 높은 가치를 지닌 이물질을 의미한다. 그러나 국가가 폭력을 행사하는 한, 그리스도인은 협력을 거부해야 한다. 그러므로 그리스도인은 병사, 사형 집행인, 또는 경찰청장이 되어서는 안 된다. 우리는 예수의 말씀 가운데 어느 것도 왜곡해서는 안 된다는 것을 말과 행동으로 증언할 의무가 있다! 인간보다는 하나님께 복종해야 한다! 이는 항상 절대적으로 타당하다. …우리는 이 세상에서 스스로를 규범을 바로잡는 사람이라고 생각한다.

이제 새로운 길들을 찾고 걷는 것이 중요했다: 우리는 헤센주州 슐뤼히터른에 있던 종교시회 단체 '새 일Neues Werk'의 친구들의 호소, 즉 '초기 그리스도인 공동체Urgemeinde'를 이루라는 부르심에 응했다. 먼저 우리는 다른 친구들과 함께 슐뤼히터른 성령강림절 집회에 사람들을 초대했다. 대다수가 젊은

II

이인 200여 명의 사람이 긴급한 물음들에 대한 답을 찾고자 하는 열망을 품고 독일 전역에서 몰려들었다. "도대체 우리는 무엇을 해야 하는가? 우리는 어떻게 참된 인간성과 참 자유, 참으로 헌신된 삶을 찾을 수 있는가?" 자유 독일의 정착촌 하베르츠호프 탐방에 고무되어, 우리의 길은 형제에 기초한 공동체 생활의 길이어야 한다는 사실이 우리에게 분명해졌다. 우리는 소유와 재산이 전쟁과 인간의 그릇된 삶의 가장 유해한 근원 가운데 하나라고 생각했다. 하지만 어디서 시작할 것인가? 도시인가, 시골인가? 다수의 필요를 충족시키려면 어찌해야 하는가? 프롤레타리아 출신의 우리 친구들이 제시한 답은 "시골로 가라!"였다.

처음부터 우리에게 분명한 것이 있었다. 공동체 생활은 자발적 가난 속에서 신앙의 자유를 누리고, 재산을 공유하며, 함께 노동하는 생활이어야 한다는 것이다. 이때 구스타프 란다우어의 저서가 우리를 그 방향으로 이끌었다.

1920년 여름, 우리는 슐뤼히터른 근방, 자네르츠 마을에서 작은 방 세 개를 빌렸다. 한 숙박업소의 뒤채에 딸린 방이었다. 새로운 세계관에 기초한 공동체 설립을 염두에 두지 않고, 그저 힘을 보태려고 하는 모든 사람과 더불어 우리에게 분명해진 것을 실행에 옮기는 것만을 염두에 두었다. 그 당시 우리는 어른 일곱 명과 아이 다섯 명에 불과했다. 처음부터 이 작은 구성원은 많은 손님의 방문을 받았다. 그들은 예고 없이 날마다 찾아왔다. 그래서 우리는 다음의 시구詩句를 인용하곤 했다.

열 명을 초대했는데, 스무 명이 왔구려.
수프에 물을 타고, 그들 모두를 환영하세!

우리는 많은 토론을 하면서, 그들과 우리에게 당면한 모든 문제들에 대해 분명한 해법을 얻고자 했다. 토론은 종종 밤늦도록 이어졌고, 때때로 격렬한 논쟁들 끝에 우리에게 늘 다시 강한 공동체 생활이 선물로 주어졌다. 에버하르트 아놀드의 한 강연문 "우리 성장의 가장 내적인 본질" 가운데 몇 구절은, 사람에 의해 설립될 수도 없고 개개인의 인력으로도 불가능

II

했던 것, 성령께서 시작하시고 설립하심으로써만 존립할 수 있었던 것을 가장 잘 표현하고 있다. 그 구절을 살펴보자.

공동생활의 성장에 있어서 중요한 것은 내적 상황, 내적 분위기입니다. 자네르츠에서 맞은 초창기는 영적 운동의 밀물 한가운데 자리한 시간이었습니다. 특정한 방향의 바람이 갓 출항하는 배의 돛을 부풀려 아주 특정한 해안으로 몰아가려고 했습니다. 여러 사건의 물결이 외부에서 우리 안으로 밀려와, 우리의 공동생활 속에서 최고조에 이르고 구체화되어 힘의 소용돌이를 경험하려고 하는 것 같았습니다. 누군가 자네르츠에서 우리와 함께 일주일을 지내고도 무엇이 중요한지를 보지 못하는 것과 같습니다. 깊이를 볼 줄 아는 사람, 참으로 마음속 깊은 곳을 들여다볼 줄 아는 사람만이 다음 사실을 알아채게 마련이었습니다. '복음의 영적 사명, 예수 그리스도의 교회의 영적 사명이 이곳에 자리하고 있다. 이곳이야말로 이방 땅이었으나 하나님이 찾아오신 독일의 한가운데에, 중부 유럽의 한가운데에 위치한 선교 기지다.'

성령께서 우리들, 신입 회원들, 기존 회원들이 하나님 면전에서 서로서로 만날 수 있게 하셨습니다. 자네르츠에서 세낸 방들과, 초창기의 뢴브루더호프의 방들까지 능력으로 충만했습니다. 그 힘은 거기 있었던 우리로부터 나온 것이 아니었고, 우리를 방문하고 우리에게 합류했던 사람들로부터 나온 것도 아니었습니다. 하나님으로부터 나와 우리를 찾아온 힘이었습니다. 보이지 않는 유체流體처럼, 이 능력이 우리를 에워쌌습니다. 이처럼 우리는 성령강림 체험을 세찬 바람 부는 듯한 소리로 이해했습니다. 이를테면 기다리던 공동체를 덮쳐 에워싸는 것입니다. 이 놀라운 신비 속에서 공동체가 생겨났습니다. 여기서는 인간의 어떤 고집도 내세울 수 없었고, 인간의 어떤 말도 중시할 수 없었으며, 소위 지도자들의 말도, 소위 반대파의 말도 중시할 수 없었기 때문입니다.

구름이 말하면, 인간은 침묵합니다. 이것은 그리스도의 고백자, 즉 자신을 회심하고 거듭난 그리스도인이라고 밝히는 사람만이 이 구름에 의해 접촉되었다는 뜻이 아닙니다. 오히려 우리는 숨어 계신 그리스도가 자기 자신을 불신자로 여기는 그런 사람들 가운데 나타나는 것을 늘 다시금 경험합니다. 그리스도께서는 모든 이가 그분과 하나가 되기 훨씬 오래 전에 그들을 찾

II

아가십니다. 그리스도의 빛이 이 세상에 태어난 모든 사람에게 다가가는 것을 우리는 압니다.

1922년, 많은 것이 바뀌었다. 우리 친구들 가운데 많은 이들이 옛 생활로 뒷걸음질했다. 실망스럽게도 그들은 오늘날 개인주의적 인간은 자기 자신을 포기할 능력이 없기 때문에 공동체 생활을 할 수 없다고 생각했다. 우리는 우리 자신에게서도 이런 능력이 없다고 느꼈지만 완전한 공동체를 향한 부름을 더 선명하게 들었다. 그래서 비록 겁이 나긴 했지만, 우리는 이 일을 계속하기로 결심했다. 일곱 사람만 새 출발을 감행했고, 다른 모든 이들은 떠났다. 결별에 이른 주요 원인은 '믿음과 경제'의 문제였다. 위기와 새 출발의 이 시기에 관해 에버하르트는 언젠가 방문객들과 대화 시간에 이렇게 말했다.

처음 부르심을 받았을 때, 우리는 예수 그리스도의 영이 우리에게 완전한 공동체, 정연한 공동체 안에서 문을 활짝 열고 사랑하는 마음으로 모든 사람을 위해 살라고 당부하고 계심을 느꼈습니다.

작고 약한 걸음이어도 이 길을 힘차게 그리고 확실히 걷고 따르도록 우리에게 능력을 준 것은 다름 아닌 예수님 생애의 실재이자 그분 영의 사실인 예수님 말씀이었습니다. 이 길의 첫 번째 구간에 접어들고 얼마 지나지 않아서, 이 능력을 가장 혹독하게 시험하는 시간들이 우리를 덮쳤습니다. 우리가 애지중지했던 가깝거나 먼 친구들이 그 적대적인 시험 시간들 속에서 등을 돌려 이 길의 적敵이 되고 말았습니다. 그들이 자유와 일치를 저버렸기 때문이고, 새로운 생활을 뒤로하고 시민의 의존적인 삶, 곧 사유 재산에 기초한 개별적인 삶으로 돌아가려고 했기 때문입니다. 중산계급에 동화하는 시대 조류의 영향을 받아 운동이 자본주의와, 새로운 노예화로 이어진 그 직업들의 손아귀에 넘어가고 만 것입니다.

좌우익 친구들 다수가 우리를 떠났어도, 전체 무리가 높이 게양된 자유와 일치의 깃발을 등졌어도, 호의적인 친구들이 이미 발을 들여놓은 길 위에서 아무런 주목도 받지 못하고 외롭게 몰락할 수밖에 없다고 심각한 어조로 우리에게 경고했어도, 달라질 것은 없었습니다. 우리는 우리의 아이들과, 우리에게 맡겨진 다른 아이들을 데리고 전진하고 또 전진하는 수밖에 없었습니

II

다. 목표를 향해 통과하는 수밖에 없었습니다.

새 출발은 두 해 전의 첫 출발만큼 힘들어 보였다. 우리는 조금 주저하면서도 감사하며 담차게 우리의 일에 착수했다. 우리는 자네르츠에 좀 더 큰 집을 마련했고, 공동체는 서서히 그 수와 해야 할 일이 늘어났다. 이 몇 해 동안 우리는 특히 출판 일에 매진하면서, 우리 아이들과 함께 자라고 있는 차별받는 아이들의 교육에 몰두했다. 농장 일과 정원 일도 점점 더 중요해졌다.

얼마 지나지 않아 자네르츠에 있는 거처가 협소해졌고, 우리는 새로운 장소를 물색했다. 1926년, 우리는 풀다 인근에 있는 슈파르호프의 땅을 싼값에 매입했다. 매우 초라하고 황폐한 농장이었다. 1927년, 우리는 과도기를 거친 후 그곳에 결집하여 이전과는 전혀 다른 방식으로 건설을 시작했다. 우리가 터 잡은 곳은 온전히 공동체의 소유였기 때문이다. 우리가 하는 일마다 신적인 것이 형태를 갖추고, 성장하는 공동체가 구체화되었다. 전체 공동체의 엄연한 일부인 어린이들의 공동체, 농장 일, 정원 일, 건축 일, 수공예, 출판, 방문객과 가난한 이들을 섬기는 일이 새로 마련되고 확대되었으며, 그때마다 우리는 그럴 만한 재능과 능력을 공급받았다.

모든 짐은 공동체가 졌다. 영적인 것이든 세속적인 것이든, 모든 책임을 공동체가 떠맡았다. 이 동아리는 공동 과업의 수행을 위해 구성원 하나하나에게 특정한 과제를 부여했다. 에버하르트는 그 몇 해 동안 우선적으로 이 "사회교육에 힘쓰는 일하는 공동체"를 활성화하고 심화하고 명확히 하는 일, 특히 모든 활동 분야가 영적으로 깨어 있도록 북돋았다. 이 모임은 끊임없이 성장하고 있었다. 젊은이들은 스스로를 대의大義에 맡기고, 공동 과업을 힘차게 촉진하는 데 협력했다. 그들은 얼마 지나지 않아 특정 분야의 작업을 책임지고 수행할 수 있게 되었다.

자네르츠와 뢴브루더호프에서 몇 해를 보내는 동안에도, 에버하르트는 독일과 오스트리아와 스위스의 여러 도시에서 강연하고, 사회 정의와 평화 등을 위해 활동하는 단체들의 집

II

회에 적극적으로 참여했다.

에버하르트의 책《사도들의 죽음 이후 초기 그리스도인들》이 1926년에 출간되었다. 여러 브루더호프의 생성에 생생한 영향을 미친, 초기 그리스도교 정신의 힘을 표현한 책이었다. 그는 이 책을 부모에게 헌정하면서, 수차례의 논쟁에도 불구하고 친가에서 받은 자극들에 대해 감사하고, 세월이 흐르면서 두 분이 우리의 인생행로를 놓고 차츰차츰 이해를 표명해 준 것에 대해서도 감사했다.

어린이에 대한 깊은 외경과 어른은 어린이에게 아주 많은 것을 배울 수 있다는 인식에서, 에버하르트는 아동 교육과 학사學事를 떠맡았다. 그는 수업 중에 인류 역사, 곧 과거에 존재했고, 지금 존재하며, 미래에 곧 존재하게 될 것에 대한 어린이들의 생생한 관심을 일깨웠다. 경작기와 수확기에는 어른과 어린이를 불문하고 밭일과 정원 일에 참여했다. 일거리는 많았다. 공동 작업은 공동체 생활의 중요한 일부였고, 특히 방문객들에게도 그랬다. 낮은 노동에 할애하고, 밤은 전체 모임이나 소규모 모임의 토론에 할애했다. 공동체가 소풍을 가게 되면 우리는 농촌 사람들을 이해하려고 애썼다. 그래서 우리는 밤에 이를테면 마을의 보리수 아래 앉아 기타를 연주하며 우리의 아름다운 민요들을 불렀다. 그러고 나면 에버하르트가 이야기나 전설을 읽어 주었고, 우리에게 빵과 소시지, 달걀을 대접하던 농촌 사람들은 우리와 함께 이야기 속으로 빠져들었다. 이따금 우리는 아마추어 연극을 공연했고, 이런 방법으로 이웃 마을 사람들에게 소박한 메시지를 전하려고 애썼다. 별이 총총한 밤하늘을 보며 걷기도 했으며, 울리히 폰 후텐의 생가, 슈테켈부르크의 둥근 천장 지하실에서 타닥타닥 타는 모닥불 곁에 모이기도 했었다. 그때 에버하르트는 우리에게 옛 시인 울리히 후텐이 살던 시대 이야기를 들려주며 그의 시를 읊었다. "…산다는 것은 즐거운 일이니, 넋들은 깨어나라!" 그 뒤 우리는 어둠 속에서 기다랗게 줄을 지어 숙소로 돌아갔다. 서로 손을 맞잡은 채!

처음 몇 해 동안은 자금이 넉넉하지 않았음에도 불구하고 모임은 계속 커져서, 사실상 건축이 끊임없이 이루어졌다. 에버하르트는 건축 설계에 지대한 관심을 기울이고 몰두했다. 하지만 공동체의 건물들은 우리 안의 영감을 표현하는 동시에 소박한 외관을 지녀야 했다. 공동체 식구들은 브루더호프 건축 설계에 적극 참여했다. 숙소용 건물들은 단순하고 수수하면서도, 하나님의 피조물이 다양하듯이, 다채로운 색깔로 빛났다.

우리는 손으로 하는 일, 특히 수공예를 늘 중시했다. 모든 촛대와 모든 접시를 공동으로 평가하고, 그것들의 형태도 공동으로 결정했다. 에버하르트는 소박한 형태의 공예로 공동체가 느끼는 것을 표현해야 한다고 거듭거듭 주장했다.

출판사에는 자체 인쇄소도 추가되었다. 에버하르트는 조판 이미지의 아름다움, 조판과 인쇄와 제본의 정확성을 매우 중요시했다. 서신이나 글, 또는 책의 집필은 공동체 전체의 관심사였다. 예컨대 감자 품별 같은 공동 작업을 할 때면, 원고에 대한 논평을 하거나 교정 원고를 읽어 주곤 했다. 그리하여 공동체 구성원 모두가 《초기 그리스도인들》, 《프란체스코 아씨시》,《노발리스》, 혹은《친첸도르프》와 같은 '초기 자료' 시리즈나《내면의 땅》개정판의 내용을 잘 알았다.

 방문객들은 공동 작업에 함께 참여했다. 우리는 아침마다 만나서 침묵 모임을 가졌다. 공동 식사는 우리에게 정의와 사랑과 평화의 나라, 곧 하나님나라의 상징이었다. 음식은 소박했고, 매우 빈약할 때도 자주 있었다. 하지만 일곱 가닥 샹들리에가 달려 있고, 아름다운 목재로 벽을 마감한 식당에서 녹색 리놀륨이 깔린 식탁과 평범한 도기에 담은 음식을 먹으며 진지한 교제를 나눴다.

 여름밤에는 종종 야외에서 모였다. 쾨펠산 중턱의 커다란 너도밤나무 아래 모여 방문객 및 동료들과 함께 자기로부터의 진정한 해방, 참된 유대, 참 평화, 사회정의를 함께 모색했다. 이때 우리는 종종 예수 사랑의 능력에서 비롯된 생활 방식으로 좀 더 깊이 인도함을 받았고, 그리하여 거듭거듭 진정한 공동체 체험에 돌입할 수 있었다. 이 체험 덕분에 여러 사람이 저마다 자신의 평생을 위한 결단을 하게 되었다.

II

 에버하르트는 우리 모임에서 역사 속 중요한 영적 운동들을 매우 생생히 언급하곤 했다. 모임 전체가 예컨대 퀘이커교와 16세기에 태동한 아나뱁티스트 운동, 특히 모라비아 후터라이트 공동체들의 기원을 연구하는 데 몰두했다. 우리는 이 운동들 속에서 활동하신 동일한 성령이 우리를 모이게 하셨다는 것을 감지했다. 수천 명에 달하는 순교자들, 뒤따름(제자도)의 삶을 죽음으로 확증한 순교자들이 우리의 믿음을 강하게 해 주었다. 이들이 없었다면 우리는 우리 생의 마지막까지 믿음을 유지하지 못했을 것이다. 오늘날에도 여전히 후터라이트의 여러 브루더호프가 미국에 있다는 소식을 접하자마자, 우리는 그들과 연락을 취하고 활발한 교류를 시작했다. 독자적 단체를 설립하는 것은 우리에게 중요하지 않았다. 우리는 성령께서 주장하신 운동들 및 공동체들과의 일치를 줄기차게 추구했다. 그 결과로 에버하르트가 1930년에 미국으로 건너가서 거의 1년 동안 후터라이트 사람들과 함께 지내면서 그들의 모든 브루더호프를 탐방하기도 했다.

 400년 전부터 공동체로 살아온 형제들에게서 우리와 다른 몇 가지—이것은 오늘날과 마찬가지로 당시에도 토론의 주제였다—를 보았음에도, 우리는 그들과 친구가 되었다. 우리가 아는 다른 모든 단체보다 그들이 초기 그리스도교 공동체들에 더 가까웠기 때문이다.

에버하르트가 미국 여행에서 돌아오자, 우리에게는 내적·외적 성장의 시기, 매우 집중적인 성장의 시기가 주어졌다. 스위스와 영국, 스웨덴, 독일에서 온 많은 새로운 사람들이 공동체에 합류했고, 우리와 마찬가지로 일치를 추구하는 다양한 다른 단체 출신 사람들도 합류했다. 그렇게 그 시기에 취리히 베르크호프 출신 사람들과 아이제나흐 인근의 한 공동체 출신 사람들도 우리에게 왔다. 이후 몇 해 동안 우리와 유사한 생활을 시도하는 다른 공동체들과의 합병이 이루어졌다.

당시에는 방문객들과 토론하다가 격한 논쟁을 벌일 때도 자주 있었다. 국가사회주의의 망령이 독일에서 확산되기 시작했기 때문이다. 그 뒤 1933년에 히틀러가 집권하자, 공동체

II

를 세우는 일이 곧바로 중단되었고, 우리는 히틀러 정권의 망령이 우리의 영과 얼마나 상반되는지 더욱더 분명하게 인지했다. 당국은 곧바로 우리에게 여러 제약을 가했고, 독일에서 우리 활동은 점점 더 악화되었다. 1933년 11월에 게슈타포와 친위대, 경찰은 브루더호프를 점거하고, 우리 학교를 폐쇄했다. 그들은 방문객의 왕래도 금지하고, 우리의 사회 활동과 책 판매도 못하게 했다. 점거가 진행되는 동안, 모든 회원, 특히 정강이가 부러져 누워 있어야 했던 에버하르트까지 철저한 심문을 받았다. 나치당 부대는 철수하면서 자동차 한 대 분량의 문서와 책을 압류하여 가져가기까지 했다.

우리 브루더호프에 공립학교를 설립하고 나치 교사 한 명을 배치하려 했기 때문에, 우리는 그 당시 스무 명 남짓했던 어린 학생들을 즉시 스위스에 보내기로 결정했다. 그래서 그 나치 교사가 브루더호프에 왔을 때는 어린 학생이 한 명도 없었다. 청소년들도 스위스로 떠났다.

에버하르트와 나는 새로운 장소를 찾아 나섰다. 우리는 스위스에 인접한 리히텐슈타인 공국에서 새로운 장소를 찾았다. 거기 해발 약 1,500미터의 알프스 고산에 위치한 질룸에서 우리는 비어 있던 요양원을 빌렸다. 이것은 믿음의 행보였다. 우리에게는 새 브루더호프를 건립하는 데 쓸 자금이 전혀 없었기 때문이다. 그러나 우리에게 자금이 꼭 필요할 때면 도움의 손길이 찾아왔다. 그리하여 1934년 3월, 아이들과 청년들이 여러 경로를 통해 리히텐슈타인에 도착했다. 몇 가족이 독일 뢴브루더호프에서 이주해 오고 나서 알름브루더호프가 창립되었다. 처음에는 나와 에버하르트가, 얼마 후에는 다른 몇 사람과 함께 두 공동체를 여러 차례 오갔다. 그 여정에서 무사히 귀환하게 될지는 알 수 없었다. 위험한 시기였고, 많은 이가 체포되어 강제수용소로 보내졌기 때문이다.

1935년 봄, 우리는 독일의 군국주의화로 인해 심각한 문제에 봉착하고 말았다. 병역의무 연령에 달한 젊은 형제들이 독일에 머물면서 전쟁과 군사 망령에 반대하는 증언을 해야 하는지, 아니면 그들이 리히텐슈타인에서 새 브루더호프 건설을 위해 자신들의 힘을 쏟아야 하는지가 문제였다. 하지만

II

우리는 철저한 공동 숙고 과정에서 다음과 같이 확신하게 되었다. 우리의 소명은 전쟁과 불의에 반대하는 것뿐만 아니라, 평화를 위해 우리 삶의 일들을 확장해 나가는 데 있었던 것이다. 그리하여 젊은 형제들의 이주가 이루어지고, 알름브루더호프는 어른과 어린이를 포함해 100여 명에 달하는 공동체가 되었다. 그들 가운데는 영국에서 온 새 구성원들도 있었다. 이는 에버하르트가 1935년 초에 네덜란드와 영국으로 강연 여행을 떠나, 알름브루더호프가 우리의 항구적 거처가 되지 못하게 될 경우에 대비하여 더 나은 브루더호프를 영국에 세울 수 있을지 그 가능성을 모색하고 나서 이루어진 일이었다.

독일 룐브루더호프에는 당시 스위스·영국·스웨덴 사람만이 아주 소수의 독일인과 함께 잔류했고, 어려움이 점점 더 늘었다. 공동체가 조직을 갖추지 못하고 정치적 상황 때문에 분리되어 지내는 와중에, 에버하르트가 외과 수술을 받았다. 부러진 다리를 치료해야 한다는 에버하르트와 친한 한 의사의 조언에 따른 수술이었다.

1935년 11월 22일, 에버하르트는 이 수술 때문에 다름슈타트의 엘리자베트 병원에서 급작스럽게 숨을 거두었다. 그는 당시는 물론이고 오늘날도 전 세계에 제시되고 모범이 되어야 할 길과 방향을 최후까지 증언했다. 평화와 정의에 기초한 형제애의 삶!

운명하기 며칠 전, 에버하르트는 아래와 같이 적었다.

우리는 아직 진정한 파송을 받지 못했으니, 그것을 더 절박하게 간청해야 한다. 가장 중요한 것은 위대하신 하나님, 우주를 능가할 만큼 중요하신 예수님, 장차 임할 우주적 하나님나라에 대한 믿음이다. 다른 것이 아닌 바로 거기에 참회, 용서, 신앙, 확신, 생명의 헌신 등이 속해 있다.

그래서 우리는 이 위대한 믿음에 의거하여 모든 시대 운동들에 전염되기는커녕 오히려 줄기차게 응수해야 한다. 나는 장차 우리 브루더호프가 젊은이들에게 완고하게 굴기보다는 젊은이들이 삶의 기쁨을 찾고 참된 삶의 새 출발을 할 수 있도록 도와주

II

기를 진심으로 바란다.

하나님과 그분의 나라는 모든 중요한 것 중에서도 가장 중요한 것이다. 하나님과 그분의 뜻은 아주 중요해서 아무것도 이에 견줄 수 없으며, 바로 이 빛 가운데서 모든 것이 처음으로 참된 의미를 발견한다.

개인의 삶 자체는 실로 잔다랗다. 남편과 아내와 자녀를 위한 가정생활은 참으로 보잘것없으며, 서로 마음이 맞아 교류하는 친구들도 미미하고, 슈파르호프(륀브루더호프의 이전 명칭)와 거기에 딸린 작은 영혼들도 보잘것없기는 매한가지다. 그러나 하나님과 그분의 나라는 참으로 중대하다. 세계적 위기와 세계적 곤경과 세계적 재앙의 역사적 순간도 중대하지만, 세계를 심판하시는 하나님의 시간과 장차 오셔서 구원하실 그리스도의 시간은 더더욱 중대하다. 우리는 모든 것 가운데서 좀 더 깊디깊은 것을 경험하거나 그것에 관심을 기울이려는 뜨거운 갈망을 품고 타올라야 한다. 우리는 그날 자체, 도래할 그날, 해방하여 일치시키는 그날이 오기를 열렬히 고대하며 기다려야 한다.

III.

공동체로 사는 이유

에버하르트 아놀드

※ 에버하르트 아놀드가 이 소론에 직접 붙인 제목은 "고백"이다. 그는 이것을 1925년 가을, 잡지 〈치커리 *Die Wegwarte*〉에 처음 발표했다. 공동체 생활을 기리는 이 고백은 여전히 현실성이 조금도 떨어지지 않는 도전, 그 당시보다 오늘날 더 현실적인 도전으로 작용하고 있다. 에버하르트 아놀드의 언어와 문체는 난해하다. 우리는 그 점을 잘 알면서도 이 책에 이를 고스란히 담았다. 에버하르트 아놀드는 언어 구사력이 탁월한 작가로서 신어와 관용구도 주저하지 않고 만들어 낸다. 모쪼록 이 "고백"이 불굴의 예수 따르기에 큰 자극제가 되기를 바란다.

— 독일어판 편집자

1. 왜 공동생활인가?

우리가 공동체로 살고, 공동체에서 일하고 있다는 것은 불가피하고 필연적인 사실이다. 우리는 이 공동생활이 우리의 모든 행위와 사고에 결정적인 요소임을 인정하지 않으면 안 된다. 우리의 의도나 수고 내지 노력은 이 길에 결정적인 요소가 아니다. 오히려 우리는 모든 필연의 궁극적 원천에서 유래하는 확신을 넘겨받았다. 우리는 이 힘의 원천이 하나님께 있다고 고백한다. 하나님께서 창조하신 모든 생명은 공동체로 존재하며 공동체를 근거로 삼는다. 그러므로 우리는 공동체로 살지 않으면 안 된다.

III

2. 믿음이 우리의 토대이다

생명의 원천이신 하나님은 우리의 공동생활을 창안하셔서, 비극적 고투와 최후 승리로 끊임없이 새롭게 이끄신다. 하나님이 의도하시는 이 공동체의 길은 직업 생활의 현실, 생존 경쟁의 현실, 인간 개성으로 인한 모든 난제의 현실 속으로 우리를 유도하는 까닭에 치명적인 위험과 가장 괴로운 고난의 길이다. 그러나 그것은 우리의 가장 심원한 기쁨이기도 하다. 우리는 이 삶의 비극, 삶과 죽음 사이의 이 엄청난 긴장, 천국과 지옥 사이의 이 상태를 분명히 보면서도 하나님을 믿으며 생명의 압도적인 힘, 사랑의 극복하는 힘, 진리의 승리를 믿기 때문이다.

믿음은 이론도 아니고, 교리도 아니며, 사유 체계도 아니고, 말의 조합도 아니다. 믿음은 종교의식도 아니고, 조직체도 아니다. 믿음은 하나님 자신을 영접하는 것이고, 하나님께 사로잡히는 것이며, 길을 걷게 하는 힘이고, 인간적으로 보자면 신뢰 구축이 파괴된 곳에서도 거듭거듭 신뢰할 수 있게 하는 실제적 가능성이다. 믿음은 도처에 늘 있는데도 눈으로 볼 수 없고 손으로 잡을 수 없는 본질적인 것과 영원토록 살아 있는 것에 눈길을 보낸다. 믿음은 인간을 사회적 관습이나 결점에 의거하여 평가하지 않고, 배금주의와 비열함과 흉악함으로 얼룩진 인간 사회의 이 모든 가면이 거짓임을 꿰뚫어 본다. 그러나 믿음은 인간 개성의 현저한 사악함과 변덕스러움이 인간 본래의 결정적 속성이라도 되는 듯이 말하는 다른 견해에도 속아 넘어가지 않는다. 믿음은 다음의 사실을 진지하게 받아들인다. 즉, 인간은 하나님 없이 자신의 현재 본성만으로는 공동체를 이룰 수 없다. 감정의 기복과 동요, 육체적·심리적 만족을 탐욕스레 추구하는 성향, 신경과민과 야망의 심리적 동인動因, 타인에 대한 영향력 추구, 인간의 모든 특권은 진정한 공동체 건설을 막는 장애물이지만, 인간은 이를 극

III

복할 수 있다.

믿음은 이러한 탐욕적 성향과 성격적 결함이라는 사실적 여건이 결정적인 것이라도 된다는 듯이 말하는 허구에 굴하지 않는다. 그것들은 하나님의 능력과 모든 것을 극복하는 그분의 사랑에 비하면 아무것도 아니다. 하나님은 이 현실보다 강하시다. 공동체를 건설하는 힘인 그분의 영이 모든 것을 이겨 낸다. 여기서 분명해지듯이, 궁극적 능력에 대한 믿음이 없으면, 진정한 공동체의 형성과 공동생활의 실질적 구축은 배제되고, 아무리 성가셔도 인간 안에 실제로 존재하는 선이나 법의 강제력을 신뢰하려고 하는 인간의 노력은 악의 실재에 부딪혀 좌절할 수밖에 없다. 선의 궁극적 신비에 대한 믿음, 곧 하나님에 대한 믿음만이 여기서 말하는 공동체를 형성할 수 있다.

우리는 공동체로 살아야 한다. 그러한 결정적인 생활의 시도 가운데서만, 거듭나지 못한 인간이 얼마나 무력한 삶을 영위하는지, 어떻게 하나님이 삶에 영향을 미치는 능력, 즉 공동체를 형성하는 능력이 되시는지를 분명히 알 수 있기 때문이다.

III

3. 공동체는 사회·정치 문제에 대한 해답이다

우리처럼 국제 평화와 사유재산 제도의 철폐와 모든 재화의 공유를 주창하는 정치 단체들이 있다. 하지만 우리는 그 단체들의 투쟁에 더 이상 가담해서는 안 되며, 그 투쟁이 그 거대 단체들의 정신에 걸맞은 것이라고 여겨서도 안 된다. 우리도 그 단체들처럼 모든 가난에 시달리는 사람들, 집과 먹을 것이 없는 사람들, 노예 노동으로 인해 정신적 발전이 위축된 사람들에게 마음이 쓰이고 쏠린다. 우리도 그 단체들처럼 무산자들, 권리를 박탈당한 사람들, 멸시당하는 사람들을 편들지만, 무자비한 수단을 동원하여 정반대의 집단들에 상처를 입히려고 하는 계급투쟁을 멀리한다. 계급투쟁은 프롤레타리아에게 목숨을 건 사람들에게 목숨을 걸려고 하는 것에 지나지 않는다. 우리는 국가의 방어전은 물론이고 프롤레타리아의 방어전도 반대한다. 순수한 영적 싸움 속에서만 우리는 자유와 일치, 인류 평화와 사회 정의를 옹호하는 모든 이들과 함께한다. 이로써 우리가 공동체 안에서 생활해야 하는 이유가 분명해진다.

4. 공동체는 믿음으로 작동한다

모든 혁명, 모든 이상주의 운동, 모든 생활 개혁 운동을 접하면서 우리는 늘 다시금 다음의 사실을 깨닫게 된다. 말하자면 선에 대한 믿음, 공동체를 이루려는 의지는 한 가지를 통해서만 살아 있게 된다는 것이다. 그것은 행동의 확실한 본보기와 진실한 말, 이 둘—행동과 말—을 하나님 안에서 일치시키는 것이다. 우리는 단 하나의 무기만 가지고 오늘날의 타락한 상황에 맞선다. 이 성령의 무기는 사랑의 공동체가 하는 건설적 수고다. 우리는 감상적인 사랑, 수고 없는 사랑을 도무지 알지 못한다. 실제적인 노동 가운데 이루어지는 헌신이라도 성령으로부터 오는 영감을 날마다 함께 일하는 자들 사이에서 표시하거나 표현하지 않는다면, 우리는 그런 헌신 또한 알지 못한다. 수고하는 사랑은 사랑이 있는 수고처럼 성령의 일이다. 사랑의 수고는 성령에서 비롯된다.

수고하는 사람들이 자발적으로 연대하여 고집스러움이나 외따로움, 사사로움을 조금도 알리고 하지 않는다면, 이는 하나님의 사랑 안에서, 장차 임할 하나님나라의 능력 안에서 이뤄질 모든 사랑의 궁극적 일치를 가리키는 이정표가 될 것이다. 모든 사람이 평화의 나라를 살아내려는 의지, 형제처럼 탐욕 없이 수고하려는 의지는 하나님으로부터 온다. 영인 노동과 노동인 영은 그리스도 안에서 우리에게 다가올 평화 미래의 근본 특성이다. 전체 공동체를 위해 일하는 즐거움으로서의 수고와 모든 동료 노동자가 참여해 신나게 일하는 즐거움으로서의 노동은 공동체에 살면서 맛볼 수 있는 유일한 가능성이다. 이 즐거움은 사람들이 지극히 단조로운 일을 하면서도 영원과의 관계에 전념하며 살아가는 곳에서만, 그리고 모든 육적이고 세속적인 것 역시 하나님의 미래에 맡겨져 있음을 아는 곳에서만 맛볼 수 있다.

III

5. 교회사에 등장하는 공동체

우리는 공동체로 살아야 한다. 하나님께서는 우리가 현대인의 막연한 동경에 대해 분명한 믿음으로 답하기를 바라시기 때문이다.

  믿음에 의한 삶의 이 영적인 사랑은 유대 예언 전통과 초기 그리스도교에서 결정적인 것으로 증언된다. 우리는 역사적 예수 그리스도, 그분의 사도들이 대변한 메시지 전체, 초기 그리스도인들의 공동생활을 믿는다고 고백한다. 우리가 같은 형제자매로서 성령에 사로잡힌 열광적 생활 공동체들에 호감을 갖는 것은 그 때문이다. 그 공동체들은 I세기에는 초기 그리스도교 안에서, 2세기에는 예언에 중점을 둔 소위 몬타누스주의로 인해 발생한 범그리스도교 공동체의 위기 속에서, 이후 몇 세기 동안은 최초의 수도원 운동들 속에서 출현한다. 그 뒤에는 브레시아의 아르날도가 주축이 된 정의와 사랑의 혁명 운동들, 왈도파 운동들, 아씨시의 프란체스코가 창안한 탁발 공동체, 보헤미아 형제단과 모라비아 형제단, 공동생활 형제단, 베긴회와 베가르드회, 15-16세기의 도덕적으로 깨끗한 아나뱁티스트, 그들의 형제 사회주의와 병역 거부 운동, 시골의 평범한 일에 힘쓰는 그들의 브루더호프 공동체들, 퀘이커교도들, 17-18세기의 라바디파, 친첸도르프 형제단과 다른 이름의 운동들로 출현한다. 우리는 공동체로 살아야 한다. 예언자들과 초기 그리스도교 이래로 거듭거듭 공동체 생활로 인도하시는 같은 성령이 우리에게 그리 살도록 떠미시기 때문이다.

6. 공동체 생활은 성령 안에서 사는 것이다

우리는 예수님과 초기 그리스도교를 믿고 고백한다. 초기 그리스도교에서는 사람들의 내적 필요뿐만 아니라 외적 필요에도 헌신했다. 예수님은 생명을 주셨다. 병든 몸을 고치시고, 죽은 사람을 무덤에서 살리시고, 고통에 괴로워하는 육신으로부터 마귀의 세력을 내쫓으시고, 극빈자들에게 기쁨의 소식을 전하셨다. 이 소식은 눈에 보이지 않는 하나님나라가 미래의 사실로서 지금 가까이 왔으며, 그 나라가 이미 그리스도와 그분의 공동체를 통해 실현되고 있으며, 마침내 이 땅에 사는 사람들의 마음이 온전히 하나님께 돌아가고 있음을 의미한다.

여기서 중요한 것은 전체다. 하나님의 사랑은 한계를 모르며, 장벽에 굴하지 않는다. 때문에 예수님은 신학과 도덕과 국가는 물론이고 소유 앞에서도 멈춰 서지 않으신다. 예수님은 사랑스럽게 여겼던 저 돈 많은 젊은이의 마음을 꿰뚫어 보셨다. "너에게는 한 가지 부족한 것이 있다. 네가 가진 것을 다 팔아서, 가난한 사람들에게 주어라. 그리고 와서 나를 따르라." 예수님은 자신의 유랑하는 무리 가운데서 돈궤를 공유함으로써 누구나 무소유를 이루는 것이 당연하다고 여기셨다. 가장 더러운 책임―현대인의 금전욕과 가장 밀접하게 연결된―이 맡겨진 자만이 자기 책임에 파멸했을 뿐이다. 그러나 배반과 처형은 최종적 패배를 의미하지 않았다. 부활하신 분께서 자신의 공동체에 선사하신 감격적인 성령 체험은 유랑 무리의 공동생활을 좀 더 큰 규모로 전환하는 힘을 주었다. 최초의 공동체는 수천 명의 사람이 모인 생활 공동체가 되었다. 그들은 함께할 수밖에 없었다. 사랑이 그들을 불타오르게 했기 때문이다. 공동생활에서 생기는 여러 문제에 답해 다양한 형식이 만들어져야 했지만, 그것들은 하나의 완벽한 삶의 통일체를 반영했다.

III

초기 그리스도인들은 어떤 것도 사유私有하지 않았다. 그들은 모든 것을 완전히 공유했다. 재산을 지닌 사람은 그것을 나누려는 열망으로 가득했다. 누구도 공동체의 소유가 아닌 어떤 것을 따로 지니지 않았다. 하지만 공동체가 소유한 것은 모두를 위한 것이었다. 이처럼 서로 나누는 사랑은 누구도 결코 배제하지 않기에, 열린 문과 열린 마음은 이 공동체에 사로잡힌 사람들의 본질적 특징이었다. 자신들이 융성했던 시기에 모든 사람에게 다가갈 수 있었던 것은 그 때문이다. 그들은 이웃 사람들의 사랑과 신뢰를 얻었다. 생존 경쟁 때문에 죽일 듯한 증오와 태생적 적대 관계를 고스란히 떠안을 수밖에 없었던 그들이었는데 말이다. 그들의 영향력은 클 수밖에 없었다. 그들은 모든 이들을 위해 온 마음과 온 정성을 다했기 때문이었다.

그들은 성령 안에서 살았다. 성령은 바람처럼 부는 영이다. 결코 쇠나 돌처럼 딱딱한 구조물이 아니다. 성령은 이루 말할 수 없이 민감하고 섬세하다. 지성의 냉철한 사유 구조, 또는 규약이나 법을 근거로 조직된 사회구조보다 훨씬 민감하고 섬세하다. 성령은 영혼의 모든 감각보다 더 유연하게 움직이며, 사람들이 헛되이 영속적인 것의 토대로 삼으려고 하는 마음의 모든 능력보다 더 유연하게 움직인다. 바로 그런 이유로 성령은 강하고 불가항력적이다. 그래서 전대미문의 폭력을 쓴다 한들 결코 제압되지 않는다. 성령의 깊음 때문이다. 지상에서 가장 오래 존속한 것은 죽음의 나라, 이른바 무기물인 암석들의 나라에 가장 가깝다. 섬세한 생체 기관일수록 위험은 더 크다. 무엇을 최후로 여기든, 이 죽음의 세상에서 모든 생명은 자신의 마지막에 죽음을 맞게 마련이다. 예수님도 끝내 죽음을 맞으셨다. 그러나 죽어서도 그분의 생명은 사랑으로, 폭력 없는 사랑으로, 소유욕 없는 사랑으로 지속되었다. 그래서 예수님은 이제 부활하신 분으로, 성령으로, 내면의 음성으로, 내면의 눈으로, 사랑의 생명으로 훨씬 더 강렬하게 살아 계신다. 이 사랑이 공동체를 이룬다.

초기 교회도 한 순간의 짧은 섬광처럼 인류의 길을 비추었을 뿐이다. 그러나 그들이 뿔뿔이 흩어지고, 많은 대변자들이 죽임을 당했어도, 그들의 정신과 그들이 삶으로 보여 준 증언

III

은 영원히 살아 있다. 역사 가운데 하나님의 선물로서 동일하게 살아 계신 성령의 비슷한 조직들이 늘 다시 나타났다. 증인들이 죽고, 교부들이 죽었지만, 성령에게는 새로운 자녀들이 태어났다. 공동체들은 사라지지만, 공동체를 만드는 교회는 여전히 지속된다.

이와 유사한 것을 인위적으로 또는 사람의 노력만으로 조직하거나 구성하려고 한다면, 추하고 생기 없는 허깨비를 만들어 낼 뿐이다. 살아 있는 것을 마주하는 데 필요한 태도는 한 가지뿐이다. 성령께서 초기 그리스도인들 안에서 생명을 일으키셨던 것처럼 하기 위해 우리의 마음을 비우고 성령께 마음을 활짝 열어 두는 것이다. 성령은 유일한 참 생명이신 하나님을 기뻐하신다. 그리고 하나님을 통해 사람들을, 곧 하나님으로부터 생명을 받은 모든 사람들을 기뻐하신다. 성령은 모든 사람에게 서로를 위해 살고 서로를 위해 수고하는 것을 기쁨으로 삼도록 닦달하신다. 성령은 사랑의 영이자 창조의 영이다.

공동체로 사는 이유

  우리는 공동체로 살아야 한다. 기쁨과 사랑의 성령이 우리로 하여금 우리 가운데 공동체를 갖고자 하는 소원을 늘 품도록 이끄시기 때문이다.

  생활 공동체는 모든 것을 껴안으시는 성령, 그분의 심오한 영성, 그분의 강력하고 효과적인 생명력, 미증유의 홍을 자아내시는 그분의 강한 능력, 너무나 강력하여 사람 스스로는 감당할 수 없는 것을 경험하게 하시는 그분의 능력 안에서만 존속할 수 있다. 이 성령에 맞서 견줄 수 있다고 나설 수 있는 사람은 결코 없다. 사실 성령의 상대는 성령 자신일 뿐이다. 성령이 작용시키는 능력들의 활력은 공동체 내부의 가장 깊은 곳에 자리한 핵, 곧 공동체의 정신을 백열 상태에 이르기까지 최고로 가열함으로써 생겨난다. 이 핵, 곧 정신 자체가 활활 타올라 제물이 되면, 그 결과 열기와 빛이 둘레의 가장 먼 곳에까지 퍼진다. 불*순교야말로 공동체 생활의 본질이나. 그것은 우리의 모든 능력과 모든 권리, 그 밖에 우리가 살면서 당연히 자격이 있다고 여겨 내세우곤 하는 모든 요구를 날마다 포기하는 것이다. 불이라는 상징에 기대어 말하자면, 개개의 장작은 연소하고, 불꽃의 연대를 이루어야 열기가 늘 새롭게 땅에 공급된다.

7. 공동체의 상징들

자연의 모든 생명 형상들 속에 있는 전체 생명은 하나님나라라는 늘 새로운 공동체의 근거가 무엇인지를 보여 주는 비유이다. 우리는 우리를 에워싸는 공기처럼, 야외에서 우리를 휘감는 바람처럼, 끊임없이 불어 와 모든 것을 하나 되게 하며 새롭게 하는 성령 안에 푹 잠길 필요가 있다. 물이 우리를 날마다 씻고 깨끗하게 하는 것처럼, 그렇게 우리는 침례라는 보다 높은 상징을 통해 모든 죽음 섯으로부터 깨끗해졌음을 증언한다. 그것은 기존의 모든 것과 단절했음을 알리는 유일회적 수장水葬이자, 우리 안과 우리 주위에 있는 악한 삶과 적대 관계를 맺겠다는 다짐이기도 하다. 또한 물에서 들어 올리는

III

것은 보다 높은 상징으로 잊을 수 없도록 단호하게 이루어지는 것으로서 부활을 알린다. 이와 마찬가지로 우리도 자연 도처에서, 밭과 들일을 하면서, 삶의 일치가 새로워지는 것을 끊임없이 경험한다. 이를테면 가을과 겨울에 시들고, 봄과 여름에 꽃이 피고 열매 맺는 것처럼 말이다.

그러면 우리는 인간 욕구의 가장 진부한 것으로서 날마다 이루어지는 식사까지도 공동체의 성별된 축제로 만들 수 있다. 우리가 경외심을 품고 대할 때 식탁 상징의 궁극적인 고양과 집약이 이루어지는데, 그것은 바로 주의 만찬이다. 빵과 포도주의 식사를 통해 그리스도를 우리 안에 영접했음을, 그분의 죽음의 파국과 재림을, 그리고 삶의 일치인 그분의 교회를 증언한다.

노동 공동체 안에서 날마다 이루어지는 공동 작업이 생명의 씨를 뿌리고 추수하는 것을 가리키는 비유이자 인류의 기원과 최후 심판의 때를 가리키는 비유이듯이, 각 사람의 생기 있는 육체도 성령이 피조물 안에 거주하심을 나타내는 비유이다. 인간의 몸은 하나님의 오심을 대비해 비할 데 없이 깨끗한 그릇으로 보존되어야 한다.

두 사람이 결혼하여 한 몸을 이루고, 한 남자와 한 여자가 서로에게 충실을 다하며 가정을 이루는 것이야말로 몸과 성령의 관계를 비길 데 없이 극명하게 드러내는 상징이다. 그것은 성령과 인류의 최상의 하나 됨, 그리스도와 교회의 하나 됨을 가리키는 결정적인 비유다. 순결의 자기 극복, 즉 성생활의 단련된 금욕은 결혼의 축성 상징에서 창조의 생명에 대한 자유로운 기쁨이 된다.

몸에서 끊임없이 새롭게 생성되는 세포들의 희생을 통해서만 몸이라는 공동체가 유지되듯이, 성장하는 공동체라는 유기체 안에서 영웅의 희생, 용사의 희생이 이루어질 때에만 생명 공동체도 생겨날 수 있다. 자발적 헌신의 동맹, 즉 희생의 동맹이야말로 소유를 나누는 공동체와 노동 공동체인 배움의 공동체이며, 교회를 위해 싸우는 공동체이다.

III

여기서 정의는 인간의 권리를 정당하게 요구하고 충족시키는 데 있지 않다. 정의는 오히려 정반대로 누구에게나 기회가 주어져 있다는 것이다. 그 기회란 하나님의 인간 되심을 위해, 하나님나라의 힘찬 시작을 위해 가장 극단에 몰려 있는 사람에게 자신을 내맡기고 주는 것이다. 정의는 타자에게 가혹한 요구를 하는 데서가 아니라 자신의 것을 흔쾌히 희생하는 데에 살아 있다. 여기서는 수고와 자발성이 궁극적 현실이 된다. 이를테면 즐겁게 수고하고, 사람들을 기쁘게 대하며, 전체에 자기를 내어 주는 것이다. 성령은 유쾌하고 용감하게 희생하는 곳에 자리하신다. 수고하는 사랑은 짜릿한 환희가 된다.

우리는 몸을 사랑한다. 우리 몸이 성령께서 거하시도록 성별된 공간이기 때문이다. 우리는 땅을 사랑한다. 하나님의 영이 말씀으로 땅을 창조하셨고, 하나님 자신이 말씀으로 땅을 아무런 노동의 손길이 미치지 않은 자연 상태에서 인간 공동체 노동의 경작지로 바꾸셨기 때문이다. 우리는 육체노동, 지적 활동, 모든 창조적 예술을 즐기고, 전체 인류와 그 역사, 미래의 평화적 운명 사이의 모든 정신적 관계에 관한 연구를 소중히 여기고, 근육노동과 손노동을 즐기며, 정신의 인도를 받는 장인의 수공예를 아낀다. 손과 정신, 정신과 손의 상호 침투 속에서 생명과 생명 공동체의 비밀을 보기 때문이다. 우리는 그 가운데서 하나님의 뜻을 깨닫고 행한다. 하나님이 성령, 곧 창조의 영으로서 자연을 만드셨기 때문이다. 하나님은 영, 곧 구원의 영으로서는 자기 아들들과 딸들에게 땅의 과업과 유산을 맡기셨다. 그들의 정원은 하나님의 정원이 될 것이고, 그렇게 인간의 노동은 하나님의 공동체가 된다.

우리는 공동체로 살아야 한다. 일치의 영이자 창조의 영이신 성령, 자연계를 일치로 부르시는 성령, 창조적 노동을 통해 하나님 안의 공동체가 생겨나게 하시는 성령께서 우리를 감화하시기 때문이다.

8. 공동체는 다가올 하나님나라의 표지이다

그러므로 몸의 비유는 결코 우연이 아니다. 그것은 하나님이 땅을 차지하실 것이고, 땅은 평화와 기쁨과 정의가 된다는 소식과 마찬가지다. 인류는 하나의 유기체가 될 것이다. 이는 마치 각각의 살아 있는 몸이 개개의 독자적인 세포들로 구성되어 있는 것과 같다. 이 유기체는 오늘날 보이지 않는 교회 속에 이미 살아 있다. 교회의 보이지 않는 실재를 고백하고 교회의 일치를 고백하는 것은 성령 안에서의 자유를 고백하는 것이며, 동시에 성령을 통한 교회 훈육을 고백하는 것이기도 하다. 위임 받은 공동체가 더 단호하게 더 독자적으로 자신의 길을 가야 한다면, 자신 가운데 '하나의 거룩한 교회*una* *sancta*'와 하나이며 거기에 속해 있다는 의식이 더 깊어져야 하며, 전체 믿음의 일치를 위한 상호 섬김, 교회를 믿는 모든 이들의 신앙 자세와 생활 방식의 보편적 일치를 통한 훈육과 교육이 더 우선적으로 필요하다.

개별 단체들, 모든 세대들, 개별 농가들, 또는 정착촌들은 거대한 유기체를 구성하는 독립적 세포들이다. 바로 이것들 속에 있는 개별 가정들과 개인들도 마찬가지다.

비밀은 전체에 헌신하고 선의善意에 따라 행동하는 결정을 <u>스스로</u> 내리는 자유에 있다. 공동생활의 존립을 유일하게 가능케 하는 자발성은 인간의 고집을 통한 후견 및 지배와 상반되며, 무절제 및 방종과도 상반된다. 감화된 사람들의 공동체가 성령을 믿는다면, 개개인의 자발성은 성령께서 일으키시는 공동체의 자유로운 의사 결정 속에 살아 있다. 사발성은 선의 의지로서 내적인 일치와 만장일치를 이룬다. 왜냐하면 자발적인 사람의 의지는 하나님나라, 하나님의 일치, 온 인류를 위해 존재하기 때문이다. 이 의지야말로 삶의 가장 강력한 힘이다.

이 불굴의 의지는 죽음이 지배하는 이 세상에서 거짓되고 비열한 모든 파괴 세력과, 사람을 노예화하는 자본주의 세력과 군사 무장 세력에 맞서 변함없이 유지되어야 한다. 의지는 전투 의지이다. 살인의 영, 모든 적대감, 사주하여 말다툼을 일으키는 표독스러운 혀, 인간들이 서로에게 저지르는 부정과 불의, 증오와 죽음의 본질, 거대한 공적 생활 및 지극히 사소한 개인적 생존 속에서 모든 비非-공동체에 맞서 싸운다.

자발성의 권고는 중단 없는 싸움터로 나가라는 권고, 휴식 없이 전쟁을 수행하라는 권고이다. 그래서 이 부름은 받은 사람들은 항상 준비되어 있다. 억눌린 사람들의 어려움을 돌보고, 프롤레타리아와 연대하며, 자기 자신과 주위, 세계 도처에 도사린 악에 맞서 싸우기 위해서는 인간에게 주어질 수 있는 강력한 의지와 힘의 발휘가 필요하다.

우리는 공동체로 살아야 한다. 죽음에 맞서는 생명의 투쟁은 혼을 품고 결집된 군대를 요구하기 때문이다. 이 군대는 죽음이 생명을 위협하는 곳이면 어디든지 투입되어야 한다. 외부 세계에 대한 투쟁보다는 공동체 생활 속에 도사린 모든 악, 곧 공동체를 해치거나 파괴하는 모든 것에 맞서는 투쟁이 더 치열하다. 그리고 이보다 훨씬 더 각 개인 안에서 벌어지는 투쟁이 가장 치열하고 가장 혹독하다. 공동생활에서 허약한 사람들의 온갖 나약함과 우유부단함은 뜨거운 사랑의 힘을 통해 극복된다. 교회의 성령은 각 사람 안에서 전투태세를 취하고, 새 사람의 견지에서 그 사람 안에 있는 옛 사람과 싸운다.

책임감 있는 모임의 각 구성원은 자신의 소득과 재산이 많든 적든 간에 아무 조건 없이 그것을 공동생활에 쓰도록 내놓는다. 하지만 공동체도 자신을 자기 사업과 재산의 소유주로 여기지 않는다. 공동체 모임은 물건들과 재화와 귀중품들을 관리하며 공동체의 모든 구성원을 위해 쓴다. 공동체가 모든 이에게 문을 열어 놓고, 결정을 지을 때마다 한 성령 안에서 완전한 합의를 요구하는 것은 그 때문이다.

III

  분명한 것은 사랑의 일치와 넓이를 위한 이 자유의 투쟁이 모든 전장에서 아주 다양한 방법으로 이루어지고 있다는 점이다. 그래서 공동체 활동이 사람들 사이에서 아주 다양한 길을 발견하는 것은, 성령이 무한하시기 때문이다. 그러나 우리가 부름 받아 걷는 모든 길에는 확신이 자리하고 있다. 그리고 사명에 대한 직접적 확신이 있을 때에만, 개개인 안에도 충성, 곧 흔들림 없는 확신이 끝까지 자리하게 된다. 견디지 못하는 사람은 어떤 일도 맡지 못한다. 임무를 완수한 사람만이 기旗를 들 수 있다. 그러므로 사람들 가운데 제한된 의미의 특수 임무 없는 큰 사명은 있을 수 없다.

  특수 임무는 오로지 그리스도에게만 초점을 맞추고, 실제로 전체, 교회, 도래할 하나님나라에 헌신하는 것이 중요하다. 특수 임무인 어떤 작업이 자기 자신을 추구한다면 길을 잃고 말 것이다. 그러나 자신의 특수한 자리에서 대단히 특수한 방식으로 전체에 헌신하는 사람이라면 아마도 이렇게 말할 것이다. "나는 하나님과 공동체 삶에, 또는 하나님과 다른 특수한 사명에 속한다." 이 인간적 헌신이 하나님을 섬기는 것이 되려면, 먼저 그 헌신이 전체에 비해 얼마나 보잘것없고 제한적인 것인지를 분명히 알아야 한다. 그러므로 제한된 의미의 사명—여기서 말하는 공동체 생활과 같은—을 그리스도의 교회 자체와 혼동해서는 안 된다. 공동체 생활은 훈육 공동체, 교육 공동체, 즉 그리스도를 따르도록 사람을 준비시킨다. 교회의 신비는 이와 달리 공동체 생활 그 이상이다. 그것은 하나님의 생명으로서 훈육 공동체 안으로 파고드는데, 종종 바짝 긴장한 채 몹시 갈망하며 마음이 열리고 준비되어 있을 때 하나님만이 홀로 활동하시며 말씀하시는 순간이 선사된다. 그런 순간에 교육 공동체는 보이지 않는 교회의 위임을 받고, 스스로를 하나님의 교회와 혼동하는 일 없이 교회의 이름으로 말하고 행동하는 특정한 사명을 확신하게 된다.

9. 공동체는 사랑과 일치를 향한 부르심이다

우리가 믿는 교회는 성령 안에 산다. 우리가 믿는 성령은 교회를 품고 있다. 이 교회의 성령이 장차 하나가 될 인류와 오늘날의 모든 현실 공동체에 생기를 불어넣는다. 인간이 임의로 결성한 동맹이 아니라 오직 성령 안에 있는 참 교회, 곧 성령의 교회만이 모든 결속과 일치의 토대이자 근본 요소다.

모든 조직은 저마다 자기에게 생기를 불어넣으시는 성령, 자기를 사로잡으시는 성령을 의식함으로써 일치를 이루어 통일체가 된다. 믿는 공동체도 동일한 과정을 거친다. 성령은 장차 이루어질 인류의 일치, 오직 하나님만이 다스리시는 장래에 이루어지는 일치를 보증하신다. 이 성령은 장차 도래할 인도자요 주님 자신이기 때문이다. 그분이야말로 우리가 장차 이루어질 위대한 사랑과 일치를 바라보며 지금 미리 붙들 수 있는 유일한 분이시다. 성령을 믿는 것은 교회를 믿는 것이고, 하나님나라를 믿는 것이다.

10. 공동체는 희생을 의미한다

공동체 생활 속에서 사람들은 다음과 같은 물음과 마주하여 늘 결단에 직면하게 된다. "나는 어떻게 부름 받았는가? 나는 무엇을 위해 부름 받았는가? 나는 그 부름을 따를 수 있는가?" 항상 소수의 사람만이 우리 필업의 특별한 길로 부름 받는다. 하지만 실제로는 싸움에 능한, 자신을 늘 새롭게 희생하는 적은 무리가 이 평생의 과업을 자신들에게 주어진 공동의 길로 여겨 끝까지 고수할 것이다. 그들은 삶의 일치를 자신의 목숨까지도 기꺼이 희생할 것이다.

사람이 결혼을 위해 친가도, 직업 경력도 버리는 것처럼,

사람이 배우자와 자녀를 위해 생명을 거는 것처럼, 그렇게 이 길을 향한 부름을 위해서는 다른 모든 것의 절연과 생명에 대한 갈망이 있어야 한다. 자발적 노동 공동체이자 재화 공동체의 공개적인 증언, 곧 평화와 사랑의 증언은 목숨을 온전히 걸 때에만 의미가 있다.

III

11. 공동체는 믿음의 모험이다

'열린 야회夜會'라는 이름의 작은 무리가 베를린에서, 위와 같은 고백의 의미대로 함께 생활하며 일하는 신뢰의 공동체를 시작하기로 결정하고 다섯 해가 지났다.※ 그 결과로 우리의 작은 생활공동체가 생겨났다. 우리는 몇 안 되는 작은 무리로서 신분도 다르고 직업도 다르지만, 하나같이 전체를 섬기는 일에 몸담고자 하는 사람들이다.

우리의 기본 입장이 이와 같으므로, 우리는 순전히 경제적

※ 1925년에 이 글을 썼으니 공동체가 세워진 지는 그때로부터 98년이 지났다.

관점에서 일의 확대를 꾀해서는 안 된다. 우리는 개개의 활동 분야에 가장 유용한 사람들을 마냥 찾아서도 안 된다. 유용함은 모든 분야에서 추구되지만, 각 사람—헌신한 구성원이든, 봉사자든, 손님이든 간에—은 다른 모든 물음에 앞서 다음의 물음에 답하지 않으면 안 된다. "나는 장차 도래할 공동체, 곧 그리스도께서 다스리시는 공동체에 적합하게 성장하고 있는가? 나는 교회의 어떤 특별한 직무로 부름 받았는가?"

그래서 우리 노동은 늘 새로운 모험이다. 우리 인간은 그것을 위한 추동력이 아니다. 우리는 추동되어서 계속 떠밀리고 있다. 싸우다 지쳐 무익하게 될 위험이 늘 존재하지만, 그 위험은 상호 도움이 토대를 이루는 믿음을 통해 극복된다. 친첸도르프는 자신의 고백에서 그것을 이렇게 표현한다.

우리 기꺼이 단념하려네
이 시대에
일을 생각하지 않는
휴식을.

III

우리는 일을 중시하려네
어떤 일이든 마다 않고
임무에 낙담하지도 않고
즐겁게 애쓰며
우리 돌들을
비계 위로 나르려네.

IV.

"공동체로 사는 이유"에 대한 두 편의 해설

토머스 머튼

※ 여기에 실린 두 편의 담화는 토머스 머튼이 1968년 9월 알래스카 이글 리버에 소재한 보혈 수도원에서 발표한 것이다. 그의 광범위한 인용문은 "공동체로 사는 이유"의 1967년 영문판(*Why We Live in Community*)에서 가져온 것인데, 이 책에서는 독일어판(*Warum wir in Gemeinschaft leben*)의 우리말 번역으로 대체했다.

※ 성서 인용은 《새번역 성경》을 따랐다.

1. 하나님의 사랑 위에 공동체 건설하기

"공동체로 사는 이유"는 에버하르트 아놀드가 1920년대, 곧 극심한 긴장이 감돌던 시기에 쓴 글입니다. 이 글은 당시에 만연하던 그릇된 공동체의 시대적 분위기에 맞서 복음서의 가르침에 맞는 고품격 공동체를 알린 성명서이자, 오늘날의 공동체가 풍기는 신비적 분위기에 맞서는 것이기도 합니다. 여러분도 아시다시피, 진보적 신자들은 진정한 공동체 정신을 추구하는 성향이 강합니다. 에버하르트 아놀드는 대단히 그리스도교적인 대답을 제시하는 것 같습니다. 그러나 우리는 우리의 소명과 우리의 삶을 숙고하기에 앞서, 우리 주님이 무엇을 하려고 하셨는지, 그분이 무엇 때문에 이 세상에 오셨

IV

는지, 무엇 때문에 십자가에 달려 죽으셨는지, 그분의 목적이 무엇이었는지를 생각해 보아야 합니다. 그분의 목적은 우리의 목적에 반드시 영향을 미치고, 우리가 하는 일에도 영향을 미치기 때문입니다.

위의 질문에 대한 일반적인 대답은 언제나 다음과 같은 식이었습니다. "그리스도는 죄인들 대신 죽으러 오셨다." 바꾸어 말하면, 우리는 죄에서 돌아섰으니, 지옥에 가지 않아도 되고, 얌전히 굴기만 하면 천국에 갈 수 있다는 것입니다. 하지만 이것은 실로 유치한 대답에 지나지 않습니다. 그분의 죽으심 속에는 그 이상의 것이 들어 있기 때문입니다. 우리 주님은 오셔서 사랑으로 죽음을 이기셨습니다. 이 사랑의 행위는 죽을 때까지 하나님 아버지께 복종하는 행위—죽음을 이기기 위해 자기를 송두리째 내드리는 행위—로 드러났습니다. 이것이야말로 우리의 소임입니다. 죽음과 싸우고, 사랑과 죽음 사이의 싸움에 가담하는 것입니다. 이 싸움은 각 사람 안에서 일어납니다. 우리 주님이 죽음을 누르고 거두신 승리, 십자가에서 사랑이 죽음을 누르고 거둔 승리는 지상에서 구체적인 형태로, 곧 공동체의 창립으로 증명되고 싶어 합니다.

그리스도의 은혜 안에서, 그리스도의 은혜에 의지하여 공동체를 창립하는 곳이야말로 이 싸움이 계속되는 곳이자, 그리스도께서 죽음을 누르고 거두신 승리를 친히 증명하시는 곳입니다.

바울의 말씀을 잠시 생각해 봅시다. 이와 관련하여 인용할 만한 성구가 많겠지만, 다음의 성구는 우리—이 삶을 위해 선택받았지만, 평범한 사람, 한계를 지닌 사람에 지나지 않는 우리—를 두고 한 말씀입니다. 바울은 유명한 성구인 고린도전서 1장 26-31절에서 아래와 같이 역설합니다.

> 형제자매 여러분, 여러분이 부르심을 받을 때에, 그 처지가 어떠하였는지 생각하여 보십시오. 육신의 기준으로 보아서, 지혜 있는 사람이 많지 않고, 권력 있는 사람이 많지 않고, 가문이 훌륭한 사람이 많지 않았습니다.

오래된 사본에는 "여러분을 부르신 것을 생각하여 보십시오"라고 기록되어 있습니다. 이는 다음의 사실, 곧 그리스도의 일, 죽음을 이겨낸 초인적인 일을 함께 나누도록 부름 받

IV

은 우리가 누구인지를 생각해 보라는 뜻입니다.

그런데 하나님께서는 지혜 있는 자들을 부끄럽게 하시려고 세상의 어리석은 것들을 택하셨으며, 강한 것들을 부끄럽게 하시려고 세상의 약한 것들을 택하셨습니다. 하나님께서는 세상에서 비천한 것들과 멸시받는 것들을 택하셨으니 곧 잘났다고 하는 것들을 없애시려고 아무것도 아닌 것들을 택하셨습니다. 이리하여 아무도 하나님 앞에서는 자랑하지 못하게 하시려는 것입니다. 그러나 여러분은 하나님의 자녀로서 그리스도 예수 안에 있습니다. 그는 우리에게 하나님으로부터 오는 지혜가 되시며, 의와 거룩함과 구원이 되셨습니다. 그것은, 성경에 기록되어 있는 바 "누구든지 자랑하려거든 주님을 자랑하라" 한 대로 되게 하시려는 것입니다.

그리하여 우리는 현세에서 공동체를 건설하는 소임을 맡게 되었습니다. 그리스도께서는 공동체 건설을 위해 죽으셨습니다. 그분은 공동체를 건설하기 위해 누구를 택하실까요? 그분은 일반적 결점을 지닌 보통 사람에 불과한 우리를 택하십니다. 제가 생활하는 겟세마니 수도원*을 찾아온 사람 중에는 최고의 지성을 지녔으나 소명이 없는 사람이 더러 있습니다. 소명이 있는 사람들은 대체로 자신들의 결점이나 일반적인 삶의 문제들과 씨름하는 사람들입니다. 우리는 이것이야말로 하나님이 구상하고 계획하시는 것이며, 그분은 자신의 의도대로 사람을 택하시며, 우리들 대다수는 평범한 사람에 지나지 않음을 당연한 것으로 여겨야 합니다. 우리는 이 견지에서 우리 자신을 보고, 이 맥락에서 공동체가 무엇을 의미하는지를 이해해야 합니다.

에버하르트 아놀드가 공동체를 논하기 시작하면서 분명히 짚고 넘어가는 것이 있는데, 오늘날에는 그것이 분명하지 않은 것 같습니다. 오늘날 중대한 화제는 공동체입니다. 사람들은 공동체의 관점에서 사고하고, 개인적 성취의 관점에서 사고하기도 합니다. 둘 다 좋은 일입니다. 하지만 동시에 공동체를 둘러싼 이 동요에는 위험도 따릅니다. 한 가지 예를 들

※ 미국 켄터키주에 소재한 겟세마니 성모 수도원. 트라피스트 수도회 소속이다. 머튼은 1941년 이 수도회에 입회하여, 강연 차 여행할 때를 제외하고는 1968년 태국에서 사고로 사망할 때까지 줄곧 이 수도원에서 수도자로 지냈다. — 옮긴이

IV

어 보겠습니다.

제가 에큐메니칼 영역에서 주목한 바에 따르면, 대략 5-6년 전 공의회*가 개회될 무렵에 갑자기 이상한 일이 벌어지기 시작했습니다. 자기 교단의 다른 회원들과 의견을 달리하는 개신교도가 우리를 찾아오고, 다른 가톨릭교도와 의견을 달리하는 우리가 그들을 찾아간 것입니다. 자신들의 교단에 불만을 품은 침례교도와 가톨릭교도와 장로교도와 성공회 신자들이 함께 모여 새로운 집단을 형성했습니다. 이런 추세는 지금도 계속되고 있습니다. 기존 공동체 밖에 있는 사람들에게 문을 열수록, 우리는 다른 공동체들을 형성하기 쉽습니다. 공감의 근거들을 발견하고, 생김새도 새롭고 배경도 전혀 새로운 사람들과 첫 접촉을 갖기만 해도, 자기 자신의 공동체보다는 그들과 더 많은 관계를 맺게 됩니다. 이런 일은 지금도 일어나고 있고, 실로 정상적인 일입니다.

그 이유는 공동체를 상당히 추상적으로 머물게 하는 환경,

---

* 머튼이 언급한 공의회는 제2차 바티칸 공의회(1962-1965)다. 이 공의회는 가톨릭교회의 영적 쇄신을 촉진하려고 했다. 공의회의 광범위한 개혁에는 전례의 수정, 교회 일치 운동에 대한 지원, 반유대주의에 대한 단죄가 포함되었다. — 옮긴이

기존 공동체를 진정한 공동체보다는 조직화된 기구로 머물게 하는 낡은 환경으로부터 우리가 방향을 틀고 있기 때문일 것입니다. 많은 규정을 갖추고, 모든 것을 완비하고, 같은 시간에 같은 행위를 하고, 동일한 시간에 동일한 장소에 있으면서 공동체 역할을 했으니, 어쩌면 그런 생활 방식 속에는 자선 행위까지 자리했을지도 모릅니다. 하지만 이처럼 완벽한 기구 속에서는 진정한 공동체의 부재를 숨기는 것이 제법 가능했습니다. 그런 기구는 큰 문제들을 줄이려다가 더 큰 문제들을 초래했습니다. 모든 것이 기계처럼 굴러가는 까닭에, 진정한 사랑 없이도, 함께 생활하는 사람들에 대한 깊은 인격적 사랑 없이도 시늉만 하는 것이 가능했던 것입니다.

제가 이 글을 쓰고 있는 시점으로부터 10년 전, 사람들은 제도화한 공동체 안에 마비 증세가 자리하고 있음을 불현듯 깨달았습니다. 그런 공동체는 정체되고, 약간 그릇되기까지 해서, 자칫 온갖 우스꽝스러운 것을 야기할 수도 있었습니다. 구성원들은 깊은 인격적 사랑 대신 감상적 애착을 보였습니다. 그 낡은 그림의 모든 부분에서 삶은 축소되고, 사람들은 진정한 사랑 대신 지나치게 감상적인 애착을 계발하는 데 이

IV

바지했습니다. 그러다 갑자기 문호가 개방되고, 사람들이 좀 더 정상적인 접촉을 시작하면서 대단히 강한 반응이 일어났습니다. 사람들은 '건강한 공동체가 여기에 있군. 이것이 진짜야'라고 생각했습니다. 그리고 그 공동체는 기존의 제도화한 공동체보다 더 생생했습니다. 하지만 그것이 진짜, 곧 그리스도께서 세우러 오신 공동체는 아니었습니다. 에버하르트 아놀드의 말대로, 공동체에는 개인의 성취와 친목 그 이상의 것이 있습니다.

공동체에는 훨씬 깊은 것이 있습니다. 아놀드가 먼저 강조한 대로, 자연적인 공동체 주위에는 우리 안에서 벌어지는 삶과 죽음의 투쟁을 무시하는 낙관주의가 기본적으로 자리하고 있습니다. 아놀드가 강조하고자 하는 바는 공동체는 사람이 세우는 것이 아니라, 하나님이 세우신다는 것입니다. 공동체는 하나님의 작품이며, 공동체의 기초는 친목이 아니라 믿음입니다. 우리는 이 사실을 분명히 알아야 합니다. 정말로 중요한 사실이기 때문입니다.

극단적 사례이긴 하지만, 한 번도 다퉈 본 적 없는 두 명의 노老 수행자로 이루어진 목가적 공동체에 관한 이야기가 있습니다.

사막 교부 두 사람이 여러 해 동안 은자隱者로 함께 생활했지만 한 번도 다툰 적이 없었습니다. 둘 가운데 한 교부가 다른 교부에게 말했습니다. "세상 사람들처럼 우리도 다투어 보는 게 어떨까요?" 다른 동료가 대답했습니다. "좋아요. 어떻게 하는 거죠?" 그 교부가 말했습니다. "글쎄요, 다툼은 소유욕, 곧 무언가를 독점하여 다른 이가 가지지 못하게 하는 데서 비롯되지요. 주위를 둘러보다가 소유할 만한 것을 찾아, 그것을 놓고 다퉈 봅시다." 그 교부는 벽돌 한 개를 찾아낸 다음 이렇게 말했습니다. "이 벽돌을 우리 사이에 놓겠습니다. 그리고 내가 '이 벽돌은 내 거요' 하고 말할 테니, 당신은 곧바로 '아니, 그것은 내 거요' 하고 말하세요. 그러면 우리는 다툼을 시작하게 될 겁니다." 그는 벽돌을 집어 자신들 사이에 내려놓고 말했습니다. "이건 내 벽돌이오." 그러자 다른 교부가 말했습니다. "그래요, 형제님, 그게 형제님 벽돌이면, 형제님이 가지세요."

이것은 별난 이야기, 과장된 이야기이지만, 두 가지 요점을

IV

담고 있습니다. 가장 중요한 요점—이야기의 신학적 요지—은 다툼은 소유욕에서 비롯된다는 것입니다. 사람들이 다투는 이유는 그들이 사람보다 재물을 더 좋아하기 때문입니다. 이는 그리스도교 신학 안에서 충분히 개진된 주제이기도 합니다. 재물을 초탈한 상태, 곧 청빈이 중요한 이유는 물질의 방해를 받지 않아야 사람을 좋아할 수 있기 때문입니다. 우리는 이 태도를 우리가 원하는 한도까지 확대할 수 있습니다. 사람보다 재물을 중시하는 곳에서는 누구든 난경에 처할 수밖에 없습니다. 이것이야말로 모든 문제의 핵심입니다. 그 해결책은 여러분 스스로 찾아보십시오.

언젠가 제가 평화와 비폭력을 다룬 기초 신학이라며 격찬한 대로, 그리스 교부 가운데 한 사람인 막시무스가 이 주제를 흥미진진하게 개진하고 있습니다. 그는 이 주제를 받아들이고 발전시켜, 전쟁의 원인은 인간의 가치보다 재물을 선호하고, 인간보다 돈을 선호하는 데 있다고 폭로합니다. 정말로 옳은 지적입니다. 베트남 전쟁—혹은 여타의 전쟁—을 생각해 보면 문제의 핵심을 확실히 알 수 있습니다. 우리는 확실히 자유를 수호하려고 한다지만, 대개는 투자와 물질적 이익에 관심을 기울입니다. 우리는 자유 수호를 우리의 바람으로 내세우지만, 실제로는 수많은 인명을 살상하여 막대한 돈을 벌어들이고 있습니다. 전쟁의 실상은 그와 같습니다. 그 실상을 보면 전쟁이 잘못된 것임을 여실히 알 수 있습니다.

우리의 주제로 돌아가서 말하건대, 하나님은 그리스도 안에서 공동체를 세우고 싶어 하십니다. 그리고 우리의 소임—우리의 커다란 책무 가운데 하나—은 할 수 있는 한 공동체를 세우는 것입니다. 그러나 그 공동체는 진정한 공동체가 되어야 합니다. 그러면서 가급적 우리의 서약을 받은 우리 공동체의 객관적 우선권을 기억해야 합니다. 우리는 우리와 함께 생활하는 사람들에 대한 의무를 우선적으로 지고 있기 때문입니다. 이것은 객관적인 의무의 관점에서 보면 어느 정도 결혼과 비슷하다고 할 수 있습니다.

그러나 그것이 우리의 유일한 의무는 아닙니다. 우리는 곧잘 우리가 사랑하지 않으면 안 되는 사람들만을 우리의 이웃으로 여기곤 하는데, 이는 사랑해야 할 사람들이 더 있음을 알지 못해서일 것입니다. 하지만 그렇지 않습니다. 우리는 다른 사람들도 사랑해야 합니다. 공동체는 우리 자신의 공동체

IV

너머로 확장되어야 합니다. 그 양상은 이러할 것 같습니다. 사람들이 우리의 공동체를 찾아오는 것은 서로 사랑하는 사람들의 모임을 보려는 것입니다. 그들이 이곳을 찾아오는 것은 개개인을 보려는 것이 아니라, 사랑의 공동체를 보려는 것입니다. 그들이 은혜와 도움을 발견한다면, 이는 우리 개개인 때문이 아니라 사랑의 공동체에 현존하는 은혜 때문입니다.

어느 모로 보나, 공동체를 건설하는 것은 우리의 의무입니다. 그것은 구성원 서로 간의 의무에 불과한 것이 아니라, 우리를 찾아오는 모든 이에 대한 의무입니다. 그들은 이곳에서 진정한 공동체를 발견할 필요가 있습니다. 이것이야말로 우리가 그들에게 줄 수 있는 가장 좋은 선물입니다.

저는 바울의 에베소서에서 또 하나의 성구, 곧 신비체神祕體에 관한 말씀을 인용하고자 합니다. 실로 우리의 주제와 관련하여 묵상해 볼 만한 멋진 말씀입니다. 저는 이 말씀을 인용하여, 공동체와 관상과 그리스도의 신비에 대한 이해가 어떻게 서로 연결되는지를 설명하곤 합니다.

그러므로 여러분은 지난날에 육신으로는 이방 사람이었다는 사실을 명심하십시오. 손으로 육체에 행한 할례를 받은 사람이라고 뽐내는 이른바 할례자들에게 여러분은 무할례자들이라고 불리며 따돌림을 당했습니다. 그때에 여러분은 그리스도와 상관이 없었고, 이스라엘 공동체에서 제외되어서, 약속의 언약과 무관한 외인으로서, 세상에서 아무 소망이 없이, 하나님도 없이 살았습니다. 여러분이 전에는 하나님에게서 멀리 떨어져 있었는데, 이제는 그리스도 예수 안에서 그분의 피로 하나님께 가까워졌습니다. 그리스도는 우리의 평화이십니다. 그리스도께서는 유대 사람과 이방 사람이 양쪽으로 갈라져 있는 것을 하나로 만드신 분이십니다. 그분은 유대 사람과 이방 사람 사이를 가르는 담을 자기 몸으로 허무셔서, 원수 된 것을 없애시고, 여러 가지 조문으로 된 계명의 율법을 폐하셨습니다. 그분은 이 둘을 자기 안에서 하나의 새 사람으로 만들어서 평화를 이루시고, 원수 된 것을 십자가로 소멸하시고 이 둘을 한 몸으로 만드셔서, 하나님과 화해시키셨습니다. 그분은 오셔서 멀리 떨어져 있는 여러분에게 평화를 전하셨으며, 가까이 있는 사람들에게도 평화를 전하셨습니다. 이방 사람과 유대 사람 양쪽 모두, 그리스도를 통하여 한 성령 안에서 아버지께 나아가게 되었습니다. 그

IV

러므로 이제부터 여러분은 외국 사람이나 나그네가 아니요, 성도들과 함께 시민이며 하나님의 가족입니다. 여러분은 사도들과 예언자들이 놓은 기초 위에 세워진 건물이며, 그리스도 예수가 그 모퉁잇돌이 되십니다. 그리스도 안에서 건물 전체가 서로 연결되어서, 주님 안에서 자라서 성전이 됩니다. 그리스도 안에서 여러분도 함께 세워져서 하나님이 성령으로 거하실 처소가 됩니다. 엡 2:11-22

바울은 그리스 사람들과 유대 사람들을 두고 이제 더는 분리가 없다고 말합니다. 이는 바울의 난해한 구절 가운데 하나입니다. 많은 것을 담고 있는 구절이지만, 바울이 늘 강조하는 사상은 다음과 같습니다. 이를테면 율법이 차별을 야기했지만, 새 언약이 차별—율법이 야기한 차별—을 극복했으니, 이제 더는 유대 사람도 없고 그리스 사람도 없다는 것입니다. 따라서 공동체 건설은 '유대 사람이냐, 회당 출입자냐'를 따지는 민족적 배경에 기초하지 않고, 그리스도 안에 있는 사람들의 사랑, 그리스도 안에서 맺는 인격적 관계들에 기초합니다. 공동체의 기초는 민족성도 아니고 계급도 아닙니다.

바로 이것이 오늘날 그리스도인들이 너무나 자주 놓치는 지점입니다.

어느 정치인이 "나는 하나님 편이야" 하고 떠들어 대면서 실제로는 인종 차별을 옹호한다면, 이는 인종 차별을 그리스도교와 동일시하는 셈이 될 것입니다. 이것은 우상 숭배이자, 겉 다르고 속 다른 짓입니다. 민족주의도 마찬가지입니다. 사람들이 "우리는 우리의 민족의식을 그리스도교와 동일시할 거예요"라고 말한다면, 이처럼 그리스도교와 아무 관계없는 것들이 갑자기 그리스도교와 동일시되고 말 것입니다. 이것은 오늘날 신앙 문제로 고심하는 사람들에게 커다란 걸림돌로 작용하기에 심각한 문제가 아닐 수 없습니다. 그들은 이렇게 말합니다. "저런 사람이 정말로 그리스도인이라면, 나는 그리스도인이 되지 않겠어."

제가 강조하려는 바는 그리스도께서 이 모든 차별이 만들어 낸 적대 행위를 십자가 위에서 온몸으로 무효화하셨다는 것입니다. 십자가로 차별을 분쇄하기. 바로 이것이 공동체가 우리에게 의미하는 바입니다. 바꾸어 말하면, 우리는 차별하는 사람보다 더 큰 사람이 되어야 합니다. 앞으로도 여전히

IV

존재하겠지만, 민족적 차이는 그리스도 안에서 더는 문제가 되지 않습니다. 제 생각에는, 이것을 매우 간단하고 자연스러운 것으로 여기는 경향—일종의 미국의 사회적 통념—에서 현실의 불화가 발생하는 것 같습니다. 여러분이 해야 할 일은 오직 이것이니, 여러분의 타고난 선한 성향을 따르고, 거기에만 마음을 쓰라는 것입니다. 하지만 그렇지 않습니다. 그것은 저절로 되는 게 아닙니다. 그것은 하나님이 하셔야 할 일입니다. 그것은 하나님의 일입니다.

에버하르트 아놀드의 말대로, 우리는 그리스도의 능력과 십자가의 능력을 경험함과 동시에 공동체를 창립하게 됩니다. 하지만 우리 안에는 공동체를 거스르는 온갖 것이 자리하고 있습니다. 우리는 이 사실을 충분히 알고 있어야 합니다. 우리는 공동체의 사람이면서 동시에 아니기도 합니다. 우리가 너나없이 사회적 존재라는 데에는 의심의 여지가 없습니다. 하지만 우리는 사회적 존재이면서 동시에 아니기도 합니다. 우리는 연약하고 이기적이기까지 합니다. 우리 안에서 신뢰와 불신의 다툼이 벌어지고 있습니다. 우리는 믿는 사람이면서 동시에 아니기도 합니다. 우리는 어떤 사람은 신뢰하고 다른 사람은 불신합니다. 바꾸어 말하면, 우리는 양면성을 지니고 있습니다. 우리는 이 사실을 고려하지 않으면 안 됩니다. 실제로는 문제가 훨씬 복잡합니다. 우리는 우리가 완전히 열린 사람, 잘 믿는 사람이라고 생각하다가도, 우리가 그런 사람이 아니라는 것을 불현듯 깨닫습니다. 우리는 이 사실을 부정하고 싶어서 억누르곤 합니다. 그 사실을 직시할 마음이 없기 때문입니다. 하지만 우리는 사람들 때문에 화가 날 때마다 속상해 하며 그것을 내색하지 않으려고 최선을 다해도, 화가 삭지 않는다는 사실을 직시해야 합니다. 이런 일이 언제든 일어난다는 사실을 깨닫지 못하면, 신앙생활을 실감 나게 할 수 없습니다.

우리가 자신의 감정을 억누르는 이유는 그것이 불안을 야기하기 때문입니다. 자신이 화났음을 인정하고 나면, 그 즉시 이것이 어떤 결과를 초래할지를 생각하게 마련입니다. 자신의 감정을 있는 그대로 표출하면, 앞으로 몇 달 동안은 개와 고양이처럼 다투게 될 것입니다. 그러면 어찌해야 할까요? 도움을 받으려면 어디로 가야 할까요? 하나님께로 가야 합니다. 바꾸어 말하면, 감정을 억눌러 숨기는 자신의 능력을 신뢰하기보다는 전혀 새로운 태도를 취하며 이렇게 말하는 것입니다. "그래, 나에게 이런 감정이 있어. 그게 있다는 것을 알아. 그게 있어서 유감스럽지만, 그리스도의 은혜가 고칠 수 있어. 그리스도의 은혜가 내 안에 있고, 내 형제자매 안에도 있으니 말이야." 각 사람에게 그리스도의 은혜가 꼭 있는 것은 아닙니다. 요점은 그리스도의 은혜가 공동체에 있다는 것입니다. 아무 문제없이 살지는 못해도, 여러분에게는 모든 문제를 평범한 인간의 방법으로 해결할—적어도 '처리'할—수 있는 은혜가 충분히 있습니다. 여러분은 문제 해결을 끊임없이 모색하지 않으면 안 되지만, 여러분에게는 해결책이 있습니다. 그러니 기뻐하십시오. 아무것도 염려하지 말고, 여러분이 해야 할 일을 하십시오.

에버하르트 아놀드의 글을 조금 읽어 보겠습니다. 그가 이 문제에 대해 한 말입니다.

> 생명의 원천이신 하나님은 우리의 공동생활을 창안하셔서, 비극적 고투와 최후 승리로 끊임없이 새롭게 이끄신다. 하나님이 의도하시는 이 공동체의 길은 직업 생활의 현실, 생존 경쟁의

현실, 인간 개성으로 인한 모든 난제의 현실 속으로 우리를 유도하는 까닭에 치명적인 위험과 가장 괴로운 고난의 길이다. 그러나 그것은 우리의 가장 심원한 기쁨이기도 하다. 우리는 이 삶의 비극, 삶과 죽음 사이의 이 엄청난 긴장, 천국과 지옥 사이의 이 상태를 분명히 보면서도 하나님을 믿으며 생명의 압도적인 힘, 사랑의 극복하는 힘, 진리의 승리를 믿기 때문이다.

매우 가슴 뛰게 하는 진술이 아닐 수 없습니다. 우리는 공동체를 믿어야 합니다. 그리고 하나님 안에서 이 모든 것이 가능하다는 것도 믿어야 합니다. 에버하르트 아놀드는 이어서 말합니다.

믿음은 이론도 아니고, 교리도 아니며, 사유 체계도 아니고, 말의 조합도 아니다. 믿음은 종교 의식도 아니고, 조직체도 아니다. 믿음은 하나님 자신을 영접하는 것이고, 하나님께 사로잡히는 것이며, 길을 걷게 하는 힘이고, 인간적으로 보자면 신뢰 구축이 파괴된 곳에서도 거듭거듭 신뢰할 수 있게 하는 실제적 가능성이다.

IV

하나님 믿기. 서로 신뢰하기. 신뢰가 무너질 수도 있고 다시 세워질 수도 있음을 알기. 이 모든 것은 우리 삶의 한 부분입니다.

그런 다음 아놀드는 극단적인 것으로 생각되는 진술을 합니다. "인간은 하나님 없이 자신의 현재 본성만으로는 공동체를 이룰 수 없다." 이는 지나친 말이자 비관적인 말입니다. 하지만 이와 같은 말은 쓸모가 있습니다. 과장된 말로 들려도, 우리에게 정말로 하나님이 필요하다는 사실을 강조하는 말이기 때문입니다. 아놀드는 은혜의 필요성을 다음과 같이 제시합니다.

> 감정의 기복과 동요, 육체적·심리적 만족을 탐욕스레 추구하는 성향, 신경과민과 야망의 심리적 동인動因, 타인에 대한 영향력 추구, 인간의 모든 특권은 진정한 공동체 건설을 막는 장애물이지만, 인간은 이를 극복할 수 있다. 믿음은 이러한 탐욕적 성향과 성격적 결함이라는 사실적 여건이 결정적인 것이라도 된다는 듯이 말하는 허구에 굴하지 않는다.

참으로 중요한 요점이 아닐 수 없습니다. 이 모든 것(탐욕적 성향과 성격적 결함)이 있다고 가정해 보십시오. 그리고 믿어지지 않겠지만, 최종적 판단을 내리는 것은 믿음이라고 생각해 보십시오. 이것을 결혼 생활의 문제에 적용해 보십시오. 아내가 정절을 지키지 않는다는 것을 남편이 알았다고 가정해 봅시다. 이것은 생에 대한 신뢰를 깨뜨리는 비극 가운데 하나입니다. 그것은 사람들을 파멸로 몰아넣습니다. 남편은 그렇게 알고 있습니다. 만일 그가 "이것으로 끝장이야"라고 말한다면, 그것이 그의 해결 방식입니다. 흠을 발견하는 순간 끝장내고 마는 것입니다! 그것으로 끝입니다. 하지만 그리스도는 정반대로 하십니다. 그리스도는 과실이 아무리 커도 용서하십니다. 그리스도는 모든 것을 용서하실 수 있습니다.

여기서 분명해지듯이, 궁극적 능력에 대한 믿음이 없으면, 진정한 공동체의 형성과 공동생활의 실질적 구축은 배제되고, 아무리 성가셔도 인간 안에 실제로 존재하는 선이나 법의 구속력을 신뢰하려고 하는 인간의 노력은 악의 실재에 부딪혀 좌절할 수밖에 없다.

IV

매우 완고한 말처럼 들립니다. 하지만 결론은 참되게 들립니다. "선의 궁극적 신비에 대한 믿음, 곧 하나님에 대한 믿음만이 여기서 말하는 공동체를 형성할 수 있다."

공동체를 우리의 사랑 위에 세우지 않고, 하나님의 사랑 위에 세우는 것이 중요합니다. 우리는 실제로 그렇게 많은 사랑을 가지고 있지 못하기 때문입니다. 하나님의 사랑 위에 공동체를 세우는 것은 신앙생활에 주어진 실제적 도전입니다. 자연적 공동체 건설이 매우 곤란한 곳으로 우리가 보냄을 받는 것은 그 때문입니다. 사람들이 이곳저곳으로 파송되고, 도저히 공존할 수 없는 사람들이 한 곳에 투입됩니다. 평범한 사람의 길에서라면 함께 살기로 결심하지 않았을 사람들이, 함께 생활하는 자신들의 모습을 발견합니다. 그렇습니다. 이것은 신앙을 검증하는 기회이자, 하나님의 사랑을 검증하는 기회이기도 합니다. 또한 이것은 바울이 꾀하는 바이기도 합니다. 이것은 여러분이 자연스럽게 좋아하는 사람들과 함께 공동체를 세우고 있는가를 묻는 것일 뿐만 아니라, 하나님이 모으신 사람들과 함께 공동체를 세우고 있는가를 묻는 것이기도 합니다.

믿음은 공동체에서 검증됩니다. 누가 옳으냐를 검증하기보다는 우리가 믿고 있는가를 검증하는 것입니다. 저는 이것이 진정한 쟁점이라고 생각합니다. 물론 문제들이 있겠지만, 여러분은 모든 문제를 한데 모아, 믿음에 의거하여 그리고 믿음의 맥락에서 그것들을 잘 해결하면 됩니다. 믿음이 첫째이고, 옳은 이는 오직 하나님 한 분이십니다. 하나님의 바람을 정확히 아는 이는 없습니다. 우리가 할 일은 그분의 사랑의 능력을 믿는 것입니다. 이 능력은 우리가 협력하여 무엇이 중요한지를 아는 것에 비례해서 주어집니다. 설령 실수하더라도, 우리가 힘을 합해 특정 사안에 관련된 결정을 내린다면, 그리고 바람직한 믿음으로 그것을 실행한다면, 하나님의 사랑의 능력이 그 가운데 자리하게 될 것입니다. 우리가 실수할 수도 있지만, 그것은 그다지 큰 문제가 되지 않습니다.

IV

2. 공동체, 정치, 그리고 관상

공동체에 관해 좀 더 이야기해 보려고 합니다. 오늘날 여러분이 매우 강력하고 적극적인 운동을 전개하며 도처에 뛰어들고 있고, 그 운동에 가담한 사람들—소수이지만 매우 영향력 있는 소수로서 저는 이들 가운데 여러 사람을 알고 있습니다—상당수가 오늘날 현존하는 진정한 공동체는 하나뿐이며, 그것은 소외 계층의 문제에 관심을 기울이는 공동체이며, 이 문제를 실제적으로 처리할 수 있는 유일한 방법은 혁명이며, 따라서 그리스도교는 혁명과 같다고 말하기 때문입니다.

그런 식의 발언은 문제를 야기하게 마련입니다. 그들은 자신들이 정말로 무엇을 말하고 있는지 모르기 때문입니다. 다들 선량한 중산층 사람이면서 느닷없이 혁명에 대해 말하고 있으니 말입니다.

여러분이 정치적 사안들에 관심을 가지면, 공동체에 조언을 구해야겠다는 유혹이 당장 일게 마련입니다. 어쨌든 여러분은 그 유혹을 피해선 안 되고, 어떤 식으로든 세계와 정치에 관심을 가져야 합니다. 그렇지만 누군가 다른 사람의 운동에 가담하는 것만이 해답인 것은 아닙니다. 제 친구 가운데 훌륭한 퀘이커교도가 한 사람 있는데, 그녀는 마틴 루터 킹의 친구이기도 했습니다. 그녀는 미국 남부에서 전개된 시민권 운동에 아무 사심 없이 헌신적으로 참여했고, 남편과 함께 워싱턴 시위에도 참가했습니다. 그 부부는 지극히 고상한 동기를 품고 있었으면서도, 그런 동기를 조금도 품지 않은 것처럼 보이는 몇몇 활동가들과 연대했습니다. 그 부부는 이 활동가들의 강요로 수상한 상황에 내몰려 결국 체포되고 말았습니다. 법을 어길 의도나 어길 마음이 전혀 없었는데도 어기지 않으면 안 되었던 것입니다. 그 부부는 쉽게 이용당했고, 활동가들이 "아무개가 우리 편에 있다가 체포되었다"고 말하도록 빌미를 주고 말았습니다.

IV

다시 말해서, 여러분이 이런 부류의 사람들과 관계한다면, 이는 그리스도교가 말하는 의미의 공동체와 관계하는 것이 아니라, 모사꾼들과 관계하는 것에 지나지 않습니다. 그들은 나름의 사정이 있겠지만, 권력 정치에 몸담고 있는 자들입니다. 참으로 위험한 일이 아닐 수 없습니다. 정말 여러분은 실상을 알아야 합니다.

저는 개인적으로 우리가 사이에 있어야 한다고 생각합니다. 우리는 보수파를 두둔해도 안 되고, 급진파를 두둔해도 안 됩니다. 우리는 마땅히 그리스도인이 되어야 합니다. 이와 관련된 행동 원리들을 숙지하고, 그리스도인의 교제가 없는 일에 가담해선 안 된다는 것을 알아야 합니다. 여러분은 상당한 선의를 가지고 이 운동들에 참여하면서 공동체에 조언을 구하려는 열망을 품겠지만, 우선권을 쥐는 것은 언제나 힘입니다. 실력 행사가 중요한 것이 되고, 그러면 여러분은 사랑이 아니라 사랑 없는 수단을 마주하게 될 것입니다. 활동가들 대다수가 아직은 노골적 폭력을 지지하지 않지만, 언젠가는 그리하게 될 것입니다. 달리 말하면, 여러 수단과 방법을 동원하여 사람들을 특정한 방향으로 밀어 넣는 것입니다. 여러분은 "괜찮아요, 정치는 그런 거예요"라고 말할지도 모르겠습니다. 여러분이 정치인이라면, 그런 것에 대해 알고 대처할 필요가 있겠지만, 우리는 그런 것을 피해야 합니다.

1920년대에 독일에서 글을 쓴 에버하르트 아놀드는 국가사회주의자들과 공산주의자들 사이에 끼어 있었습니다. 국가사회주의자들은 나중에 나치가 되어, 인종차별주의—유치한 감정—에 지나지 않는 극도로 잔인한 공동체, 모든 사람을 정렬시켜 연행하는 공동체를 대표했습니다. 이것은 일종의 거대한 광신 공동체라고 할 수 있습니다. 저는 미국에서 그 이상의 것을 보게 되지 않을까 우려합니다. 저는 나라 전체가 그런 공동체를 지지하리라고는 생각하지 않습니다. 하지만 일부의 사람들은 겁먹은 나머지 자기들의 재산을 지키려 할 것이고, 맞은편 막다른 곳에 처한 사람들은 소위 혁명활동에 가담하게 될 것이며, 우리는 양측 사이에 끼어 갈팡질팡하게 될 것입니다.

아놀드는 이 모든 것을 목격하고 나서, 성령께서 이 두 입장을 초월해 계시니, 우리도 양쪽을 넘어서야 한다고 결론을 내렸습니다. 저는 그의 결론에 전적으로 동의합니다. 우리는

IV

사랑이 있는 곳에 머물러야 합니다. 이것은 정말로 더 어려운 입장이지만, 창조적 입장이자 건설적 입장입니다. 이것은 모한다스 간디가 취한 입장이기도 합니다.

단지 간디가 취한 입장이라는 이유로 이것이 이상주의적 입장이라고 생각해선 안 됩니다. 제가 비폭력에 관한 간디의 글을 뽑아 소책자로 묶고 서문을 쓰기도 해서 드리는 말씀이지만, 비폭력을 잊지 않는 게 좋겠습니다. 자칫 놓치기 쉬우니까요. 비폭력은 이제 기능을 모두 잃고 준準폭력으로 변하고 있습니다. 그러나 간디가 언급하고, 전적으로 옳음이 입증된 기본 원칙은 하나님을 믿는 믿음이 없으면 진정한 비폭력에 이를 수 없다는 것입니다. 하나님께 기대지 않으면, 비폭력은 행동을 개시할 수도, 실재할 수도 없습니다. 간디는 이것을 말했고, 마틴 루터 킹은 이것을 집어 들고 실행에 옮겼습니다. 여기서 여러분은 영적 접근법을 얻을 수 있습니다. 금욕주의에 기초한 접근법이지요. 간디는 주로 단식하면서 영적 방법을 활용하곤 했습니다. 따라서 우리는 온갖 권력 운동에 가담한 채 공동체에 조언을 구하려고 하는 유혹을 간파하고, 그리스도교 공동체, 곧 하나님이 세우신 공동체 안에서 우리의 입장을 견지하는 데 힘써야겠습니다.

아놀드는 이 같은 상황을 염두에 두고, 혁명 운동·집단 농장 운동·이상주의적 사회 운동·개혁 운동이 공동체에 대한 갈망을 표출하면서도 공동체를 건설하지는 못했다고 말합니다. 그가 언급한 혁명 운동·집단 농장 운동·이상주의적 사회 운동·개혁 운동은 오늘날 무엇을 의미할까요? 채식주의자나 히피 같은 사람들을 말할 것 같습니다. 히피족은 여러 면에서 참 선량한 젊은이들입니다. 그들은 공동체를 갈망하면서도 아직은 이렇다 할 공동체를 세우지 못해서, 떼 지어 떠돌고 있습니다.

'사막의 그리스도' 수도원으로 가는 길에 만난 히피 친구가 생각납니다. 참 사랑스러운 친구였습니다. 그는 여느 히피와 달랐습니다. 지금 생각해도 그에게는 좀 더 깊은 면이 있었던 것 같습니다. 나는 수도원으로 가는 길에 비행기에서 그를 만났습니다. 그의 머리카락은 정말 길었고, 자동차를 운전할 때 두 눈이 가리지 않도록 인디언의 머리처럼 붉은 가죽끈으로 묶여 있었습니다. 정말 멋진 친구였습니다. 그는 낡은 구형 폭스바겐 스테이션왜건을 가지고 있었습니다. 이 자동차 뒷자

IV

리에는 스토브 하나와 생활용 침대 하나가 실려 있었습니다. 그가 벽토 혼합기를 끌고 다녀서 물어보았습니다. "그것의 용도가 뭐죠?" 그러자 그가 대답했습니다. "수사님들을 위해 뭔가를 하려고요. 1년 동안 그분들을 위해 일하면서 손님 숙소용 벽돌들을 만들 생각입니다." 그는 꼭 그러기로 마음먹었습니다. 그는 그리스도인이 아니었지만, 수도원에 기거하면서 수사들을 거들어 주고 싶어 했습니다. 그는 사색할 장소가 필요하면 폭스바겐을 끌고 협곡의 한 나무 아래로 가서 벽돌을 만들었습니다. 그는 이제껏 내가 만난 사람 가운데 가장 다정한 친구였습니다. 우리는 자동차를 몰고 앨버커키까지 갔다가 수도원으로 돌아오기도 했습니다. 그는 언제나 명상에 관해 대화하고 싶어 했습니다. 명상은 어떻게 하시는지요? 명상할 때 무엇을 하시는지요? 힌두교도는 무엇을 하고, 불교도는 무엇을 하는지요? 그는 기도에 관심을 표한 뒤, 자기 인생에 대해 이야기했습니다. 군에 입대했지만, 결국 군대 생활이 이치에 맞지 않음을 깨닫고, 인생이 무엇인지 알고 싶어서 폭스바겐을 몰고 협곡에 와서 살게 되었다고 하더군요.

캘리포니아의 레드우드에는 멋진 히피 몇 명이 있습니다.

그들은 그 지역으로 옮겨 오자마자, 거기에 수도원이 있음을 알고는 다함께 음식을 싸 들고 건너왔습니다. 그들은 차고에서 몇 차례 파티를 열고, 다함께 기타를 치며 노래를 부르고, 저마다 자신의 장기長技를 부리고, 각자 연주할 수 있는 곡을 연주하며 즐겁게 지냈습니다. 이것 역시 도처에 자리한 열망, 이른바 공동체에 대한 열망의 한 보기가 아닐는지요.

에버하르트 아놀드는 이렇게 말합니다. "모든 혁명, 모든 이상주의 운동, 모든 생활 개혁 운동을 접하면서 우리는 늘 다시금 다음의 사실을 깨닫게 된다. 말하자면 선에 대한 믿음, 공동체를 이루려는 의지는 한 가지를 통해서만 살아 있게 된다는 것이다. 그것은 행동의 확실한 본보기와 진실한 말, 이 둘—행동과 말—을 하나님 안에서 일치시키는 것이다." 물론 우리는 그리스도 안에서 말과 행위를 일치시켜야 합니다. 십자가에 달리신 우리 주님은 하나님의 말씀이자 행위이시며, 이 일치의 토대를 제공하는 분이시기 때문입니다. "우리는 단 하나의 무기만 가지고 오늘날의 타락한 상황에 맞선다. 이 성령의 무기는 사랑의 공동체가 하는 건설적 수고이다." 아놀드는 바로 이것이 공동체의 진정한 기초라고 말합니다.

IV

그런 다음 아놀드는 공동체를 감상적으로 생각해선 안 된다는 견해를 다시 피력합니다. 사실 공동체는 함께 노동하는 것을 의미합니다.

> 우리는 감상적인 사랑, 수고 없는 사랑을 도무지 알지 못한다. 실제적인 노동 가운데 이루어지는 헌신이라도 성령으로부터 오는 영감을 날마다 함께 일하는 자들 사이에서 표시하거나 표현하지 않는다면, 우리는 그런 헌신 또한 알지 못한다. 수고하는 사랑은 사랑이 있는 수고처럼 성령의 일이다. 사랑의 수고는 성령에서 비롯된다.

공동체 생활을 다룬 그의 글은 더없이 훌륭하고 현실적이고 근본적입니다. 성령의 현존은 사랑 안에서 공동의 목적을 위해 함께 노동하는 것으로 입증됩니다.

물론 이것은 제2차 바티칸 공의회가 사목헌장 〈기쁨과 희망〉에서 분명히 한 대로 오늘날 교회의 중요한 목적과 일치하고, 테야르 드샤르댕*의 사상, 이른바 충분히 성숙한 성년기成年期에 이르도록 서로 협력하며 새로운 세상을 건설하자는 사상과도 일치합니다. 아놀드는 다음과 같이 말합니다.

> 우리는 예수님과 초기 그리스도교를 믿고 고백한다. 초기 그리스도교에서는 사람들의 내적 필요뿐만 아니라 외적 필요에도 헌신했다. 예수님은 생명을 주셨다. 병든 몸을 고치시고, 죽은 사람을 무덤에서 살리시고, 고통에 괴로워하는 육신으로부터 마귀의 세력을 내쫓으시고, 극빈자들에게 기쁨의 소식을 전하셨다. 이 소식은 눈에 보이지 않는 하나님나라가 미래의 사실로서 지금 가까이 왔으며, 그 나라가 이미 그리스도와 그분의 공동체를 통해 실현되고 있으며, 마침내 이 땅에 사는 사람들의 마음이 온전히 하나님께 돌아가고 있음을 의미한다.

우리가 사랑의 생활을 경험하고, 이 힘으로 함께 수고하여 세상을 변화시킨다면, 이는 이 땅에 사는 사람들의 마음이 온진히 하나님께 돌아가고 있음을 의미합니다. 이것이야말로 우리의 삶 속에서 이루어지는 모든 일의 밑바탕으로서 참으로

※ 프랑스 과학자이자 가톨릭 신학자. — 옮긴이

IV

심오한 그리스도교 사상이자, 관상觀想 그 자체입니다. 관상은 우리의 삶 속에서 하나님을 인식하는 것입니다. 그것은 어떤 생각이나 부분적인 것을 인식하는 것이 아니라, 전체를 인식하는 것, 곧 우리가 하나님께 완전히 속해 있으며, 하나님께서 우리에게 자신을 완전히 내주셨음을 인식하는 것입니다. 관상은 이전에도 일어났고, 지금도 계속 일어나고 있습니다.

그러나 여러분은 알아야 합니다. 실제로는 이것을 보지 못한다는 것을. 그것이 일어나면, 여러분은 보기도 하고 그러지 못하기도 합니다. 여러분은 그것을 흘끗 보고, 믿고, 삶의 토대로 삼기도 합니다. 이따금 그것은 완전히 모순되거나 불가능한 것으로 여겨지기도 합니다. 하지만 그것은 엄존합니다. 관상은 우리가 끊임없이 돌아가야 할 자리입니다. 바울의 말씀을 들어보실까요?

그러므로 나도, 주 예수에 대한 여러분의 믿음과 모든 성도를 향한 사랑을 듣고서, 여러분을 두고 끊임없이 감사를 드리고 있으며, 내 기도 중에 여러분을 기억합니다. 우리 주 예수 그리스도의 하나님이신 영광의 아버지께서 지혜와 계시의 영을 여러분에게 주셔서, 하나님을 알게 하시고, 여러분의 마음의 눈을 밝혀 주셔서, 하나님의 부르심에 속한 소망이 무엇이며, 성도들에게 베푸시는 하나님의 영광스러운 상속이 얼마나 풍성한지를, 여러분이 알게 되기를 바랍니다. 엡 1:15-18

이 모든 것은 희망과 연결되어 있습니다. 그리고 희망은 눈에 보이지 않습니다. 존재하지만 눈에 보이지는 않습니다. 어쨌든 여러분은 그것을 알기도 하고 모르기도 합니다.

또한 믿는 사람들인 우리에게 강한 힘으로 활동하시는 하나님의 능력이 얼마나 엄청나게 큰지를, 여러분이 알기를 바랍니다. 하나님께서는 이 능력을 그리스도 안에 발휘하셔서, 그분을 죽은 자들 가운데서 살리시고, 하늘에서 자기의 오른쪽에 앉히셔서 모든 정권과 권세와 능력과 주권 위에, 그리고 이 세상뿐만 아니라 오는 세상에서 일컬을 모든 이름 위에 뛰어나게 하셨습니다. 엡 1:19-21

참으로 중요한 말씀이 아닐 수 없습니다. 바울의 말씀에 집

IV

중할 때면 어쩌다 많은 능력과 권세와 주권을 이해하게도 되지만, 대개는 곧장 지나치기 쉽습니다. 그러나 이것은 정말로 중요합니다. 기도는 우리의 진정한 자유이기 때문입니다. 제가 이제껏 이야기한 대로, 기도는 소외로부터의 해방입니다.

기도 속에서만 우리는 참으로 온전히 우리 자신이 될 수 있고, 다른 능력이나 권세나 주권에 종속되지 않을 수 있습니다. 우리는 이 말의 의미를 제대로 알아야 합니다.

> 하나님께서는 만물을 그리스도의 발아래 굴복시키시고, 그분을 만물 위에 교회의 머리로 삼으셨습니다. 교회는 그리스도의 몸이요, 만물 안에서 만물을 충만케 하시는 분의 충만함입니다. 엡 1:22-23

여러분은 평생토록 이와 같은 말씀을 거듭거듭 곱새겨야 합니다. 이것이야말로 여러분이 어디서나 늘 익혀야 할 최고의 방법입니다. 그저 몇 번 읽고 주석서를 집어 드는 일은 하지 마십시오. 끊임없이 그 말씀으로 돌아가십시오. 50년 정도 곱새기고 나면 그 말씀의 참뜻을 깨닫기 시작할 것입니다.

V.

후기

후기

후기

후기

후기

후기

후기

후기

후기

후기

후기

후기

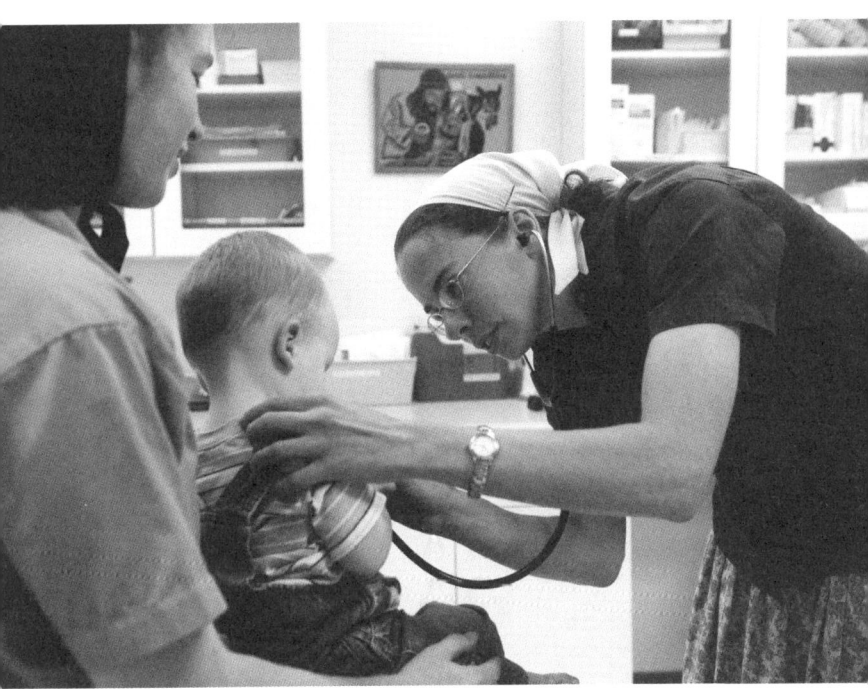

후기

후기

후기

후기

후기

후기

후기

후기

후기

에버하르트 아놀드 1883-1935는 제2차 세계대전 이전 시기에 독일에서 저명한 평화주의 신학자, 목사, 저술가로 활동했다.

1920년, 에버하르트는 아내 에미와 다섯 자녀를 데리고 부와 안전과 가시적 성공을 뒤로한 채 미지의 미래로 뛰어들어, 베를린에서 독일 중부 지역의 한 마을인 자네르츠로 이사했다. 그곳에서 그들은 신약성경에 기록된 대로 여러 가족과 독신자들의 작은 공동체를 세웠다. 나치의 박해, 제2차 세계대전의 격변, 내적 고투의 시기에도 불구하고, 공동체는 살아남았다. 현재 브루더호프는 20개 이상의 공동체를 유럽과 미국, 호주와 남미 등에 두고 있다.

구성원들은 여러 나라·인종·계층 출신이지만, 다들 그리스도 안에서 한 형제자매로 지낸다. 그들은 사도행전 2장과 4장에 기록된 대로 초기 그리스도인들처럼 사유 재산 없이 모든 것을 공유한다. 저마다 재능과 시간과 노력을 필요한 곳에 보탠다. 날마다 한자리에 모여 식사하고 기도하고 예배하고 찬양하고 결정을 내린다.

이러한 삶은 한국에도 알려져, 1990년대 초부터 많은 이들이 한국에서 찾아와 공동체를 경험해 왔고, 브루더호프도 꾸준히 사람들을 한국으로 보내 교류·협력하고 있다.

사실 한국에서는 초대교회의 정신을 회복하고, 교회를 새롭게 하려는 시도가 한국 기독교 역사 시초부터 지금까지 활발히 이어지고 있다. 이런 노력은 신앙 공동체의 삶으로 표현되어 동광원, 가나안농군학교, 예수원, 아바샬롬, 사랑방공동체, 보은예수마을, 민들레공동체, 한결공동체, 오두막공동체, 기독공동체 밝은누리 등을 낳았다. 이들 공동체 외에도 알려지지 않은 곳에서 여러 실험이 시도되고 있고, 많은 교회들이 공동체적 관계를 회복하기 위해 변화를 모색하거나 대안 교육과 지역 사회의 필요에 힘을 모으고 있다.

후기

국경과 시간에 매이지 않은 성령님은 앞으로도 한국을 포함한 여러 곳에서 예수님을 따르려는 이들의 마음을 움직이고 하나로 이끄실 것이다. 하나님은 이미 한국에서 화해와 일치를 위해 일을 시작하셨다. 우리는 하나님께서 이 일을 계속 이루시고, 형제애의 삶이 곳곳에서 건설되어 나갈 것이라고 믿는다.

2018년 11월

플라우 출판사 편집부

공동체로 사는 이유

에버하르트 아놀드 지음 | 김순현 옮김

2018년 12월 19일 초판 1쇄 발행

펴낸이 김도완
등록 제406-2017-000014호
전화 031-955-3183
이메일 viator@homoviator.co.kr

펴낸곳 비아토르
주소 경기도 파주시 문발로 197 102호
팩스 031-955-3187

편집 박진곤
제작 제이오

디자인 이파얼
인쇄 (주)민언프린텍

제본 (주)정문바인텍

ISBN 979-11-88255-21-4 03230

저작권 ⓒ 2018 by Plough Publishing House

이 도서의 국립중앙도서관 출판예정도서목록(CIP)은 서지정보유통지원시스템 홈페이지(http://scoji.nl.go.kr)와 공동목록시스템(http://www.nl.go.kr/kolisnet)에서 이용하실 수 있습니다.(CIP제어번호: CIP2018037049)